AF453257

EXPLORATION COMMERCIALE

DANS LES

MERS DU SUD ET DE LA CHINE.

AVANT-PROPOS.

La Chambre de commerce, désirant mettre à profit les divers documents que lui avait transmis M. de Montigny, consul de France à Shang-Haï, sur les opérations commerciales qu'on pourrait lier avec la Chine, voulant aussi utiliser les offres empressées de la Société l'*Océanie* qui, depuis quelques années, avait établi des rapports avec le Céleste-Empire, prit l'initiative pour organiser une Société Rouennaise d'exportation, Société dont le but devait tendre à faire connaître à l'étranger, mais surtout en Chine et dans les mers du Sud, les produits manufacturés tant à Rouen que dans le département de la Seine-Inférieure.

Cette Société se constitua le 14 novembre 1849, entre M. Victor Marziou, gérant de la Société l'*Océanie*, à Paris, et les membres de la Chambre de commerce. En peu de temps, des actionnaires se présentèrent en assez grand nombre pour former un capital destiné à rassembler un assortiment de tissus qui devaient être embarqués à bord de l'*Arche-d'Alliance*, capitaine Cazalis. Quoique confiante dans

Chambre, cette mission qui me fut offerte; je l'acceptai avec d'autant plus de plaisir qu'elle pouvait me procurer l'occasion d'être utile à mes compatriotes en leur faisant connaître les nouveaux débouchés que mes explorations dans ces pays peu fréquentés auraient pu constater.

Conformément aux instructions que la Chambre voulut bien me donner à la date du 4 avril 1850, je vous ai déjà transmis divers rapports à mon départ des principales escales que j'ai faites; je viens aujourd'hui m'acquitter de la dernière partie de ma mission, en vous remettant un résumé général de tous les documents que j'ai pu me procurer.

Permettez que je mette d'abord sous vos yeux, pour faciliter l'intelligence du cours de mon voyage, qui a duré quatre années, le tableau, par ordre de date, des divers points où j'ai débarqué :

Parti du Havre à bord de *l'Arche-d'Alliance*, capitaine Cazalis, le 23 avril 1850,

Arrivé à Valparaiso le 13 août;

Parti de Valparaiso le 22 août,

Arrivé à San-Francisco le 12 octobre;

Parti de San-Francisco le 6 décembre, à bord de la goëlette *Catherine*,

Arrivé à Honolulu le 30 décembre;

Parti de Honolulu le 16 février 1851,

Arrivé à Hawaï le 18 février;

Parti de Hawaï le 22 du même mois,

Arrivé à Taïti le 19 mars;

Parti de Taïti le 3 avril,

Arrivé à Pola, l'une des îles de l'archipel des Navigateurs, le 21 avril;

Parti de l'archipel des Navigateurs le 24 avril,

Arrivé en Australie, au port de Newcastle, le 22 mai;

Quitté l'Australie, et parti de Port-Jackson à bord de l'*Arche-d'Alliance*, le 6 novembre,

Arrivé à l'île des Pins (Nouvelle-Calédonie), le 20 novembre;

Quitté l'île des Pins le 27 novembre,

Arrivé à Annatom (Nouvelles-Hébrides), le 30 novembre;

Parti d'Annatom le 7 décembre,

Arrivé le 13 décembre à Ticopia;

Parti de Ticopia le 13 décembre,

Arrivé à Shang-Haï le 9 février 1852;

Parti de Shang-Haï le 2 mars 1853, sur le navire anglais *Mohawk*,

Arrivé à Hong-Kong le 15 mars;

Parti de Hong-Kong le 28 mars,

Arrivé à Manille le 4 avril;

Parti de Manille le 3 juin,

Arrivé à Macao le 21 même mois;

Parti de Macao le 1er septembre,

Arrivé à Singapore le 6 octobre;

Parti de Singapore le 13 octobre,

Arrivé à La Réunion le 19 novembre;

Parti de La Réunion le 28 novembre,

Arrivé à Palma (îles Baléares), le 28 février 1854, et débarqué en Espagne;

Arrivé à Perpignan le 23 avril.

Je vais entreprendre maintenant le récit de mes explorations et vous communiquer, Messieurs, les notes que j'ai prises dans chaque localité.

CHILI.

Nous quittâmes le Havre le 23 avril 1850, et le 13 août suivant, après une navigation de cent treize jours, pendant laquelle il n'y eut rien de curieux pour nous à signaler, nous arrivâmes sur les côtes du Chili, en vue de Valparaiso.

Cette ville, par sa position géographique, et par suite des découvertes récentes des mines d'or sur plusieurs points du globe, et plus particulièrement en Californie, se trouve dans une position très propre à favoriser le développement des affaires importantes qui s'y traitent depuis déjà une vingtaine d'années.

Valparaiso est le débouché naturel de l'Amérique du Sud pour les marchandises qu'on exporte de ce pays, aussi bien que l'entrepôt général pour la majeure partie de celles qui viennent d'Europe et de l'Amérique du Nord. Il est également le point de relâche de la plupart des navires qui doublent le *Cap Horn* pour se rendre en Californie, et qui, après une longue navigation, sont dans la nécessité de renouveler leurs approvisionnements; les achats qu'ils y font répandent dans le pays une aisance inconnue jusqu'alors, dont l'effet sera, sans aucun doute, de développer de plus en plus le luxe et la consommation des habitants de cette vaste et riche contrée.

Ce qui doit contribuer à attirer davantage notre attention, non seulement sur Valparaiso, mais encore sur toutes les contrées de cette partie de la côte Ouest d'Amérique, le Chili, la Bolivie, le Pérou, l'Équateur, la Nouvelle-Grenade, la Venezuela, la Guatimala, enfin jusqu'au Mexique, c'est l'origine de leur population, dont la partie blanche est espagnole. La partie indigène en a adopté les goûts et les usages; mais ceux-ci, étant presque semblables aux nôtres, il en résulte, pour nos relations commerciales, une faveur réelle. Dans la plupart de ces pays, dans tous peut-être, les troupes sont habillées et équipées identiquement comme les nôtres; l'exercice s'y exécute à la française.

Le titre de marchandise française, pour toute espèce de produits, est une recommandation.

Ces populations ont un goût prononcé pour le luxe, et les exportateurs français n'ignorent pas que ce sont les objets de luxe qui constituent la majeure partie de nos exportations. N'en-a-t-on pas une preuve convaincante dans le chiffre de nos affaires avec le Chili? En 1851, elles s'élevaient à 23 millions de francs, tandis que celles des Anglais, qui partout, à cause de leur disproportion en importance, ne peuvent se comparer aux nôtres, ne s'élevaient qu'à 25 millions de francs, ne dépassant ainsi les nôtres que de 2 millions de francs.

Comment nous rendre compte de ce fait autrement qu'en réfléchissant que, pour la fabrication des objets de luxe, nous sommes presque toujours de beaucoup supérieurs aux Anglais, tandis qu'il nous est impossible de lutter avec eux pour celle des objets de première nécessité, de consommation journalière.

Il est donc du plus grand intérêt pour le commerce français, je dirai même que c'est pour lui une nécessité de faire tendre tous ses efforts à alimenter de ses produits les pays dont les populations sont d'origine espagnole; c'est là que nous avons la chance de trouver, quand nous voudrons nous en occuper sérieusement et avec persistance, des débouchés importants et avantageux.

Si nous avons à redouter d'une manière accablante pour nous la concurrence anglaise pour certains articles, nous devons nous mettre en garde contre l'industrie allemande, pour nos articles de goût qu'ils imitent fort bien en les établissant à meilleur marché que nous. Il est vrai que nous leur restons évidemment supérieurs, mais nous ne devons pas nous reposer à l'ombre de cette supériorité, qui nous échapperait infailliblement sans de nouveaux efforts pour conserver notre rang. Les Américains sont de leur côté entrés en lutte avec l'Angleterre pour les tissus communs de coton, et ont déjà souvent, sur ces derniers, l'avantage du bon marché.

Je ne puis pas ici vous indiquer, comme je l'ai fait à l'époque de la rédaction de mon rapport sur Valparaiso, quelles sont les étoffes de l'industrie rouennaise, dont nous avions alors les échantillons, qui auraient le plus de chance de placement au Chili; mais je vais énumérer la nature et le genre des marchandises françaises qui y étaient le plus demandées quand nous le visitâmes.

Dans les articles de coton : les indiennes fond blanc assorties, à dessins ramages ou colonnes, peu ou point de dessins à objets détachés, les indiennes vapeur, les indiennes perse glacées, quelques indiennes deuil, les jaconas et mousselines imprimés à couleurs vives, les foulards de coton à dessins tranchés et tons chauds, les meubles damassés assortis de nuances, les rouenneries fantaisie et principalement celles à carreaux, les coutils blancs, les étoffes pour doublures assorties de nuances, gauffrées ou non gauffrées, sont celles qui trouveraient le débouché le plus important et le plus avantageux.

Les soieries de toutes sortes pour robes, mantelets, gilets, cravates, ainsi que les rubans, s'y vendent fort bien.

Les mérinos s'y placent également, mais les nôtres y rencontrent la concurrence des mérinos anglais mélangés de coton et par conséquent à meilleur marché; ils doivent toujours être très légers et assortis en nuances bien déterminées.

Les draps français sont au Chili, comme dans tous les pays espagnols, fort estimés; on les regarde comme beaucoup meilleur teint et plus solides que ceux des Anglais et des allemands, mais on leur reproche leur épaisseur et on les trouve trop foulés, ce qui les empêche probablement d'avoir un reflet aussi flatteur que ceux des deux nations que nous venons de citer.

Les draperies qui conviennent se divisent ainsi :

Les casimirs en deux genres :

Le premier se consomme en très grande quantité, et se vend en France 5 fr. à 5 fr. 50 c. le mètre, en qualité corsée.

Le deuxième se consomme en quantité moindre, et vaut en France 6 fr. 50 à 7 fr.

Ces deux genres constituent les nouveautés de 75 centimètres de laize, assorties de nuances. A notre passage, les nuances claires étaient les plus goûtées; quelques mois avant, c'était le contraire; de même pour les dessins à carreaux qui étaient alors délaissés après avoir fait fureur la saison précédente. Pour être renseigné convenablement, il faut donc l'être constamment, sans interruption.

Les draps se divisent également en deux qualités :

1° Les premières sortes, qui coûtent en France 18 à 22 fr. le mètre, en largeur de 150 centimètres;

2° Les deuxièmes sortes qui coûtent en France de 13 à 15 fr., en largeur de 150 centimètres.

Les caisses, pour les uns et les autres, devraient se composer ainsi :

Une pièce, noir;

Une idem, bleu de roi;

Une idem, vert russe;

Une idem, bronze;

Une idem, Amélie;

Une idem, couleur mode.

Les satins garances bien corsés, dans les prix de 18 à 19 fr. le mètre, se vendraient en petite quantité.

Deux à trois caisses par an suffiraient.

Les draps de billard ne doivent pas être oubliés, bien que la consommation en soit peu importante.

Le genre casimir carreaux, fond blanc, en bonne qualité, acheté en France dans les prix de 6 fr. 50 à 7 fr., en 75 centimètres, se consomme d'une manière très suivie. Quant à la consommation des autres qualités, il est très difficile d'en déterminer l'importance; elle est, en tout cas, considérable.

Les vins, victuailles et conserves de toute espèce pour approvisionnements de navires, ainsi que les apparaux et agrès, sont encore , au Chili, l'objet d'un commerce considérable.

Il est impossible de donner le détail de l'article dit articles de Paris, qui plaît. La variété en est tellement grande , qu'il n'y a que les personnes qui en font un commerce régulier, qui soient à même de fournir des renseignements précis à cet égard. Je dois me borner à dire que ces objets sont, au Chili , comme dans tous les pays que nous avons cités plus haut, fort recherchés.

Les conditions de consignation sont :

5 0/0 de commission ,

2 1/2 0/0 de ducroire ,

1 0/0 d'emmagasinage ,

pour les marchandises vendues à Valparaiso ; celles qui le sont à l'intérieur, ou sur quelqu'autre point de la côte , sont chargées d'un surcroît de commission qui s'élève de 2 à 3 0/0.

Les ventes se font au comptant avec 6 p. 0/0 d'escompte, ou à termes contre des valeurs à six mois qui s'escomptent, si l'on veut, à raison de 1 0|0 par mois, ce qui met le taux de l'argent à 12 0/0 par an.

Les avances sur marchandises se font à ce taux par les consignataires.

Les monnaies qui ont cours sont :

Pour les monnaies d'or :

L'once qui vaut 17 piastres 2 réaux, ou 83 fr.

La demi-once, 8 piastres 5 réaux.

Le quart d'once, 4 piastres 2 réaux 1 médio.

L'escudito, 2 piastres 1 réal 1 quartillo.

Pour les monnaies d'argent :

La piastre qui vaut 8 réaux 1 médio, ou 5 fr. 30 c.

Le réal, **2** médios, ou **0** fr. 62,5.

Le médio, **2** quartillos.

Le quartillo, 2 ochavos.

L'ochavo, **2** centavos, ou la 64° partie de la piastre.

Le centavo, la **128°** partie de la piastre.

Mais, dans le commerce, le cantavo passe pour la **100°** partie de la piastre, et le ochavo pour la 50°.

Le change de la piastre au Chili est désavantageux. Il varie de 4 fr. 80 à 4 fr. 90 c.

Les retours en barres d'argent donnent généralement la piastre à 5 fr.

L'unité de mesure pour les tissus est la vara, qui vaut 0 mèt. 84 c. L'unité de poids, la livre espagnole, qui vaut 460 grammes. Toutes les mesures de longueur, de poids ou de capacité sont espagnoles.

La langue du pays est aussi la langue espagnole, et bien que ce pays forme depuis longtemps (**1818**) une république indépendante, il a conservé en grande partie les usages et les mœurs de l'ancienne mère-patrie.

Valparaiso est situé par environ le 33° degré latitude sud et le 75° longitude ouest.

Le cours des saisons y est donc renversé par rapport aux nôtres.

L'hiver commence en juin et l'été en décembre.

Bien que cette dernière saison y soit pour ainsi dire perpétuelle, cependant le petit abaissement de température qui s'y opère dans l'hiver a quelque influence sur la mode, de manière que les étoffes de nouveautés qu'on y expédie doivent être un peu plus chaudes et de nuances plus foncées pour l'hiver que pour l'été.

Les époques les plus favorables à la réception des marchandises sont septembre et octobre pour le printemps, et mars et avril pour l'automne.

Il ne faut pas croire que Valparaiso soit le seul point important du Chili. Sur la côte, Coquimbo par ses mines de cuivre, et Copiapo par ses mines d'argent, prennent de jour en jour une importance qui ne peut que s'accroître promptement.

La dernière de ces deux villes se trouve dans l'intérieur des terres, mais elle communique à la mer par un chemin de fer qui vient aboutir au port de la Caldera.

Dans l'intérieur, Santiago, la capitale de cet État, et dont la population s'élève au double de celle de Valparaiso, à 60,000 ames environ, est une ville riche, dont le luxe rend la consommation considérable.

D'ailleurs, on sait que le Chili est un pays très fertile, qui produit toute espèce de choses en abondance. Il fournit non seulement des céréales pour le besoin de ses habitants, mais aussi pour l'alimentation des pays les plus éloignés. Ses mines d'argent et de cuivre sont inépuisables. Le nitrate de soude y est devenu l'objet d'exportations importantes. Ces richesses sont donc un titre à la création de grandes relations, tant intérieures qu'extérieures, dans lesquelles il est de notre devoir de chercher, par tous les moyens possibles, à entrer de plus en plus.

Une considération puissante, qui doit se joindre à celles qui précèdent, c'est que, comme nous l'avons déjà dit, le Chili est entouré ou voisin de plusieurs vastes contrées qui renferment comme lui, en elles-mêmes, des ressources immenses, de nature à donner naissance à des échanges qui formeront naturellement la base de transactions considérables.

Nous avons donc dû regretter, en quittant Valparaiso, de laisser, dans un pays qui offre tant d'aliments à notre commerce extérieur, si peu de maisons françaises bien installées.

En effet, celles de MM. Jager, Schmidt et Jullian, de Paris, et MM. Fauché frères, de Bordeaux, les seules à citer, étaient bien loin, assurément, de réunir le chiffre des affaires qui se font annuellement entre la France et le Chili.

Il y en a aujourd'hui un plus grand nombre, parmi lesquelles nous citerons :

> MM. D.-A. Bordes ,
> Etchevery et Cᵉ ,
> J. Falch ,
> H. Gueroult ,
> Lamotte et Cᵉ ,
> A. Mersié et Cᵉ ,
> Montané et Cᵉ ,
> Norman frères ,
> Roger ,
> J. Raymond ,
> Leblanc et Fonfray.

Les maisons anglaises et américaines les plus importantes sont celles de :

> MM. Dicson Price ,
> Gibbs Grawley et Cᵉ ,
> Green Nelson ,
> Huth Gruning et Cᵉ ,
> P. King ,

        Miller,
        Naylors Boarman et Oxley,
        Waddington Templeman,
        Alsop,
        Witmor.
Les Espagnoles, celles de :
        MM. Alvarez,
            Cervero,
            Cueto frères, Bringas et Sanchez,
            Garcia de la Luerta,
            Lambarri Linch,
            Sebastian le Sica,
            Marquieira y Riarte.
Les Belges :
        MM. H. Serruys et C°.
Les Allemandes :
        MM. Kendeinbourg et Paulser,
            Rainback et Cramer,
            Schuth Post,
            Moller,
            Loeser,
            Mack et Adelsdoefer.

CALIFORNIE.

———o———

CALIFORNIE. Nous quittâmes Valparaiso le **22** août, et le **12** octobre suivant nous étions mouillés en rade de San-Francisco.

Je vous transmettais, par mon rapport du 26 février 1851, des détails sur la Californie; la date en est si ancienne que je n'y reviendrai pas aujourd'hui.

Les relations suivies qui ont existé depuis cette époque et existent encore avec cette contrée et la France, rendraient inutile et fort ennuyeuse la répétition de choses en partie dépourvues, à présent, d'intérêt.

Je glisserai rapidement sur le contenu du rapport que je viens de mentionner, en en faisant un résumé succinct, pour arriver le plus promptement possible à des faits plus récents.

Les impressions qui me sont restées de la Californie, ne me font pas partager l'enthousiasme qui existe, généralement, pour cette contrée qui a tant agité le monde depuis quelques années.

L'histoire nous apprend que la découverte de terrains aurifères a été presque toujours d'un heureux effet pour les pays dans lesquels elle a eu lieu, quand surtout le précieux métal s'y trouvait accompagné de ressources d'une autre nature, mais indispensables au développement et à la prospérité d'un pays.

L'extraction de l'or a toujours été la première et l'unique occupation des peuplades qui s'abattaient sur les contrées qui le recélaient; mais la nécessité de se livrer à l'agriculture, pour subvenir à leurs besoins, ne tardait pas à se faire sentir, et, lorsque ces peuplades avaient eu la chance de s'arrêter dans des endroits fertiles, le produit de leurs champs, devenant énorme, dépassait promptement celui des mines, les mettait bientôt à même d'échanger leurs productions contre celles des étrangers, et devenait ainsi la source d'un commerce considérable qui enrichissait les uns et les autres. C'est ainsi que le Pérou, le Mexique et les contrées limitrophes sont arrivés à être si riches, si célèbres, et, pendant longtemps, si avantageuses à la nation qui les possédait.

A mon avis, la Californie ne se trouve pas, par plusieurs motifs, comme un grand nombre de personnes ont semblé le croire, destinée à un pareil avenir. En effet, il est permis de supposer que les gisements aurifères s'y épuiseront ou au moins s'y affaibliront bientôt, avant que la culture ait pu s'y développer de manière à remplacer pour le pays la richesse qui lui échappera.

Le climat de la Californie ne peut en rendre le sol aussi fertile que celui des pays que nous venons de citer, où les récoltes se font pour ainsi dire naturellement, sans peine, sans travail. Il suffit d'avoir parcouru quelques parties de la Californie pour remarquer que cette fertilité, dont on augurait de si grands avantages, n'était que l'effet de l'enthousiasme exagéré sous l'impression duquel se trouvaient les personnes qui y arrivaient il y a trois ou quatre ans. On y rencontre de vastes forêts, il est vrai, avec des arbres séculaires d'une grande élévation, mais dont le tronc, énorme de grosseur, court et tortueux, et les branches plus tortueuses encore, dénotent une végétation tourmentée, peu en faveur de la fertilité du sol. L'herbe qui croît sous ces arbres très espacés, et qui, pendant quelques semaines du printemps, représente une délicieuse prairie émaillée des fleurs les plus variées, disparaît presque aussitôt pour ne laisser apercevoir qu'un terrain sablonneux et glaiseux complètement desséché. L'extrême sécheresse de l'été et les vents froids et secs qui soufflent pendant l'hiver, empêcheront toujours, d'après mon opinion, de classer la Californie au nombre des pays à citer pour leur fertilité.

La production des mines d'or venant à y diminuer, ceux qui y ont été attirés par un appât aussi puissant, n'y étant plus retenu par un intérêt attaché au sol, émigreront de nouveau dans des contrées plus avantageuses, et cette émigration amènera, sinon un état rétrograde dans le développement du pays, au moins un état stationnaire qui en diminuera l'importance.

Après avoir fait ressortir les points faibles du pays qui nous occupe, nous devons parler des avantages réels qu'il présente.

San-Francisco. San-Francisco, situé sur la baie de ce nom, était déjà, en 1850, une ville d'environ 50,000 ames, dont la population a certainement augmenté depuis, et dont la consommation immense, par rapport à sa population, offre d'assez grands débouchés à nos produits.

San-Francisco n'est pas la seule ville importante de la Californie. J'ai déjà nommé dans le temps, en joignant aux noms des détails minutieux, quelques villes que j'avais visitées et d'autres sur lesquelles j'avais recueilli des informations assez précises.

Benecia, sur la baie de San-Francisco, près de l'embouchure du San-Joaquin ; Stockton, dans le fond d'une baie resserrée, formée par ce même fleuve qui coule vers le Sud ; et enfin Sonora, sur le lieu même des placers, tout-à-fait dans l'intérieur du pays, se trouvent dans la première série.

Benecia. — Stockton. — Sonora.

Sacramento, situé sur le fleuve de ce nom qui coule vers le Nord, et Marysville, bâtie sur le même fleuve, mais en remontant vers sa source, et, par conséquent, plus près de la région des mines que la première, sont de la deuxième.

Sacramento. — Marysville.

L'importance de ces différentes villes a, nous le savons, changé depuis trois ans, nous ne pouvons donc nous occuper de celle de leur consommation, mais nous pouvons au moins indiquer les marchandises convenables au marché de San-Francisco, et nous indiquerons ainsi celles qui conviennent à toute la Californie.

Parmi les cotonnades que la Chambre de commerce avait embarquées sur l'*Arche-d'Alliance*, celles qui se sont le mieux vendues, sont :

Les indiennes fond blanc nouveautés, toute espèce de dessins sur toile de Rouen et d'Alsace.

Les indiennes, bleu et blanc enlevage.

Les indiennes deuil.

Les indiennes à effet en couleurs vapeur,

Les indiennes genre Hartemines ont été assez goûtées.

Les indiennes meubles perses glacées.

Les foulards de coton se sont parfaitement vendus et sur-passaient en bon goût, en qualité de toile et vivacité de couleurs, tout ce qui avait été introduit jusqu'à notre passage.

Tous les genres foulards sont bons, mais on doit forcer, dans les assortiments, sur les bas prix.

Les rouenneries nouveautés s'y placeraient également, mais à la condition du bas prix.

Nous ne devons pas perdre de vue que les Anglais nous font une grande concurrence dans cet article qu'ils donnent pour presque rien, de 30 à 50 centimes le mètre.

Le genre damas coton aurait de grandes chances d'un écoulement avantageux; nous faisons mieux ce genre que les Anglais.

Les étoffes pour doublures, assorties de nuances, gauffrées ou non gauffrées, s'y placeraient.

Le genre, toile fil, uni et à carreaux, assorti de nuances et dessins, a plu généralement.

Les chemises de coton imprimées étaient, à notre passage, un excellent article.

Les soieries françaises, là comme partout, étaient fort recherchées, ainsi que nos rubans.

Les mérinos s'y vendraient également. Les étoffes de laine d'Amiens pour robes, à grands ramages et à bouquets, ont été très appréciées, ainsi que les beaux tapis de cette ville pour appartements, les descentes de lit et les velours de coton. N'oublions pas qu'en Californie l'hiver est froid, et que, le soir et le matin, on porte des étoffes de laine pendant presque toute l'année; aussi devons-nous y placer avec avantage nos draps français.

Les assortiments de draps doivent, pour être convenables, être faits dans les mêmes conditions que pour le Nord Amérique (États-Unis). On doit y observer deux saisons distinctes, l'été et l'hiver, et suivre, pour cet article, le goût d'Europe ; c'est ce qu'il y a de mieux. Des étoffes épaisses et moelleuses, pour paletots et pardessus, sont très recherchées pendant l'hiver. Les casimirs doivent être fins et de belle qualité, et principalement en couleur noire ou bleue. Les draps de billard commençaient à y trouver quelque débouché.

Les vins et les eaux-de-vie y trouvaient aussi une consommation suivie et très grande.

Les victuailles, les conserves et approvisionnements pour navires, ainsi que les agrès, apparaux et peintures à l'huile, y étaient très demandés.

Les articles de Paris y étaient et y sont encore l'objet d'un commerce considérable. Les armes, principalement, et les accessoires y produisaient de grands bénéfices.

Tout le monde sait que nous ne sommes pas en mesure de lutter avec les Anglais ou les Américains pour les calicots et autres tissus de coton. Le peu d'entre eux qui auraient quelque chance d'y être placés, sont les tissus de coton ouvrés, dont la fabrication réclamant du goût ferait reparaître nos avantages.

La Californie étant maintenant annexée aux États-Unis, en a adopté la langue, les unités de poids, les mesures de longueur et de capacité, qui ne sont elles-mêmes autres que les anglaises.

Les monnaies diffèrent de ces dernières.

Elles sont, pour les monnaies d'or :

La pièce de 20 dollars ou 100 f. » c.

—	10	—	50	»
—	5	—	25	»
—	2 1/2	—	12	50
—	1	—	5	»

Pour les monnaies d'argent :

La pièce de 1 dollar ou   5 f. » c.

—	1/2	—	2	50
Le *twenty five cents*			1	25
Le *one dime* ou *ten cents*			»	50
Le *half dime* ou *five cents*			»	25

Le *cent*, monnaie de cuivre circule très rarement et a une valeur de 5 centimes.

Je crois inutile de rappeler ici les usages commerciaux, bien connus maintenant et peu différents des nôtres. On ne doit cependant pas oublier que les frais sont encore considérables, qu'ils ne s'élèvent pas, y compris les droits de douane, qui varient de 30 à 40 0/0, à moins de 60 0/0 tout compris.

Un autre chapitre non moins important est celui des incendies; il sera longtemps, dans des villes construites comme celles de la Californie, en partie en bois, dépourvues de la ressource des Compagnies d'assurance, et où les éléments de destruction se réunissent en si grand nombre, un puissant obstacle au développement d'affaires lucratives. Nous en avons la preuve par ce fait, que la plupart des fortunes qui ont été acquises dans ce pays, l'ont été par les spéculations de terrains, achetés ou loués, ou sur les affaires de banque, et non sur les affaires régulières en marchandises.

S'il y a eu, dans cette dernière catégorie, quelques personnes heureuses, elles sont, je crois, des exceptions. Le chiffre des pertes qui ont été essuyées dans cette contrée, tant sur les constructions qui sont devenues la proie des flammes que sur les marchandises qui ont été consumées dans les effrayantes conflagrations dont elle a été le théâtre, n'aurait-il pas suffi, en effet, à la création de villes tout autres que ne seront, avant une époque encore bien éloignée, celles de Californie, y compris San-Francisco ?

Quant aux produits indigènes, excepté l'or et le mercure de la mine de New-Almaden en exploitation, à quelques lieues de San-Francisco, et donnant une grande quantité de ce dernier métal, ils sont presque insignifiants, puisque le sol n'est pas même en état de nourrir ses habitants.

On doit cependant y trouver une assez grande quantité de peaux.

Je n'ai pas entendu dire que les forêts y eussent été exploitées depuis que nous y passâmes, de manière à alimenter l'exportation des bois propres aux constructions terrestres ou maritimes qu'on y rencontre.

A quoi bon ensuite citer les noms des maisons que j'ai donnés il y a quatre ans, et dont la plupart n'existent plus aujourd'hui ? Je me vois donc forcé de terminer là, Messieurs, ce que j'avais à vous rappeler de ce nouvel Eldorado.

III.

ARCHIPEL DES SANDWICH

(POLYNÉSIE SEPTENTRIONALE).

 Après un séjour de près de deux mois en Californie, que le capitaine de l'*Arche-d'Alliance* se vit, à son regret, forcé de prolonger, il me proposa de le devancer aux Sandwich, dans la crainte que le retard qu'il éprouvait à San-Francisco ne l'empêchât de faire, à cet archipel, une escale assez longue pour nous y livrer à nos études.

J'acceptai sa proposition, dont je fis part, dans le temps, à la Chambre de commerce, et, le 6 décembre 1850, je m'embarquai sur la *Catherine*, goëlette hawaïenne d'environ 150 tonneaux, alors en partance pour Honolulu, où nous mouillâmes le 30 décembre, après une traversée de vingt-quatre jours.

L'archipel des Sandwich est compris entre les 16° et 21° latitude nord, et entre les 158° et 160° longitude ouest, sur la route des bâtiments qui se rendent de Californie en Chine, *et vice versâ*, et renferme huit îles différentes, dont les trois principales sont Hawaï, Wahou, Mawi.

Ce groupe d'îles forme un petit État monarchique indépendant, et sous la protection collective de la France, des États-Unis et de l'Angleterre.

L'idiome canaque est la langue du pays ; mais la langue auxiliaire, qui est aussi celle du Gouvernement, est l'anglais.

La population de chacune de ces trois îles est à peu près la même, et s'élève en tout à environ **72,000** ames. La population entière, canaque ou indigène, des huit îles n'est que de **80,000**, après avoir été, d'après un recensement officiel de 1832, dont l'exactitude m'a été confirmée par l'évêque catholique français de Wahou, Mg^r Maigret, de 150,000 ames.

La diminution effrayante qui est survenue dans la population de ces pauvres insulaires est due, en grande partie, aux maladies syphilitiques dont les ont infestés les baleiniers.

Wahou n'est pas plus peuplé que Hawaï, et seulement un peu plus que Mawi; mais comme sa capitale, Honolulu, est la résidence du Gouvernement hawaïen, elle se trouve la plus importante de l'archipel, et nous occupera presqu'exclusivement. Le terrain de cette île est, dans certains endroits, d'une fertilité rare, et le serait presque partout si on le cultivait; cependant, excepté le cocotier, on ne remarque d'arbres que dans les jardins, et la seule plante cultivée avec soin est le taro, plante légumineuse, de la famille des farineux, se plaisant dans les endroits marécageux, et formant la base de la nourriture des indigènes.

Mawi, de toutes ces îles la plus fertile, produit de tout en abondance, et mérite d'être citée pour la beauté de ses arbres, et la quantité de volailles et d'animaux domestiques qu'on y élève.

Hawaï, la plus étendue de toutes, est presqu'entièrement stérile, bien que ses montagnes élevées soient, depuis une certaine hauteur jusqu'à leur sommet, couvertes d'arbres magnifiques. Les parties basses, qui devraient se distinguer par leur fertilité, ne se font au contraire remarquer que par leur nature bouleversée et volcanisée, n'offrant d'intérêt qu'à l'œil de l'observateur.

Le Mona-Roa, qui s'y trouve, est la montagne la plus élevée de l'Océanie; sa cîme, constamment couverte de neige, sous un soleil tropical, n'a pas moins de 5,000 mètres, et renferme plusieurs volcans en activité, qui vomissent de temps à autre de prodigieuses masses de matières sulfureuses, produisant du soufre d'assez belle qualité. La partie Nord-Est de l'île est plus fertile; on y trouve le bois de sandal, dont l'extraction est maintenant peu importante.

Honolulu.　　　　Revenons à Honolulu.

Avant qu'il ne fût question de la découverte de l'or en Californie, Honolulu était déjà un point fort important par la réunion, une ou deux fois par an, des navires baleiniers en pêche dans ces parages.

Le chiffre de ces derniers y variait de trois à quatre cents, sans compter les navires marchands dont le nombre atteignait bien quatre-vingts ou cent.

Le ravitaillement de tous ces navires était un bel aliment aux affaires de la petite colonie qui était venue s'établir à cet endroit; aussi étaient-elles fructueuses et de nature à dédommager un peu d'un exil si lointain, au milieu de l'Océan Pacifique.

En 1845, 1846 et 1847, l'affluence des navires devint tellement grande qu'elle amena, en même temps que ses avantages, un germe de décadence résultant de la cherté à laquelle étaient montés les approvisionnements, aussi bien que toute espèce de réparations. Les baleiniers se dispersèrent alors un peu : une partie alla hiverner à Guam, dans l'archipel des Mariannes; l'autre à Taïti, possession française dans l'archipel de la Société.

Les mines d'or de la Californie vinrent donc fort à propos pour neutraliser le fâcheux effet d'une semblable détermination de la part des navigateurs, et l'année 1849 apporta avec elle un nouvel essor à l'archipel Hawaïen.

Le bouleversement inévitable qui se produisit dans le développement des affaires naissantes des villes de la Californie, mais plus particulièrement de San-Francisco, eut bien son contre-coup fâcheux sur celles des Sandwich. La régularité qui existait dans ce pays depuis plusieurs années, aussi bien dans la manière d'y traiter les affaires que dans les bénéfices certains qu'elles produisaient, se trouva tout-à-coup renversée, et entraîna dans sa chute la prospérité et la fortune de la plupart des maisons.

Cet état de choses dura assez longtemps; cependant, les affaires revinrent peu à peu à leur état normal, et, aujourd'hui, elles y sont de nature à nous faire regretter de ne pas y participer davantage.

Nous en avons la preuve dans cet extrait d'une feuille de Honolulu, où nous voyons qu'en 1853 :

Les importations se sont élevées à. . . . 6,409,755 fr.

Les exportations en produits étrangers à.   956,855

Les exportations en produits du pays à.   1,376,870

Les recettes de la douane à.   778,200

Et qu'enfin :

10 bâtiments de guerre,

194 navires marchands,

et 535 baleiniers, de toutes nations, avaient visité ce port.

Je lisais aussi dans cette même feuille du mois dernier, que les difficultés qui s'étaient élevées, en 1848, entre le Gouvernement français et le Gouvernement hawaïen, et qui, depuis cette époque, étaient restées en litige, venaient d'être arrangées d'une manière satisfaisante pour les deux Gouvernements. Comme ces différends étaient survenus à la suite des droits exorbitants, équivalant presque à une prohibition, dont le Gouvernement hawaïen voulait frapper les vins et spiritueux français, les nouvelles mesures prises à cet égard sont donc, pour nos exportateurs, d'un grand intérêt.

Examinons maintenant quels sont les produits de notre sol ou de nos manufactures qui pourraient donner naissance à quelques exportations dans ce pays.

J'intervertirai ici l'ordre dans lequel j'ai indiqué, dans les deux rapports précédents, les produits qui convenaient aux pays dont nous nous occupions, et je citerai en premier les vins et eaux-de-vie comme base de transactions importantes.

Le ravitaillement des nombreux navires qui touchent à Honolulu, forment de cet endroit un entrepôt où nos armateurs devraient avoir des dépôts capables d'y alimenter la consommation des vins, eaux-de-vie, approvisionnements de navires, apparaux et agrès, conserves, toute espèce de victuailles, enfin tout ce qui se rattache aux provisions de navires; ils y trouveraient certainement un débouché avantageux.

Parmi les produits de nos manufactures, quelques-uns s'y placeraient également.

Dans les colonnades :

Les foulards de coton imprimés, à dessins et couleurs voyantes, dans les bas prix, occuperaient la première place; viendraient ensuite les indiennes fond blanc, couleurs vives, sur toile de Rouen et d'Alsace; les indiennes genre vapeur, dessins à effet; quelques indiennes deuils; les indiennes meubles, glacées; quelques rouenneries bas prix, en couleurs vives et peu foncées.

Dans les lainages :

Quelques mérinos légers conviendraient. Les casimirs noirs ou bleus s'y consomment, mais en petite quantité, ainsi que les draperies nouveautés. On ne doit pas perdre de vue que le climat de ces pays est un climat chaud; que les blancs y sont peu nombreux, et que les populations indigènes cuivrées n'aiment que les étoffes légères.

On se rappellera aussi que les couleurs que les Canaques affectionnent sont, en les classant par ordre de préférence de leur part, l'orange, le bleu, le rose, le jaune et le vert.

Les soieries de tout genre sont très recherchées; il en est de même de nos rubans dont les femmes canaques raffollent.

Les autres articles qui s'y vendraient bien sont : les meubles solidement confectionnés, sofas en crin, fauteuils à la Voltaire en crin, les tables de toutes sortes, les armoires à glaces, les glaces depuis 60 centimètres jusqu'à 2 mètres, les caves à liqueur, les fleurs artificielles, en ayant soin d'éviter les fruits et les feuilles des arbres d'Europe que ne connaissent pas ces populations; les chaussures pour hommes et pour femmes avec pieds très forts; les souliers doivent être un peu couverts, beaucoup plus grands qu'en France, et en cuir souple; les parapluies en soie, qui servent là plus pour le soleil que pour la pluie; les ombrelles pour femmes, les chapeaux pour femmes canaques, à plumes et avec fleurs artificielles; les pendules, la parfumerie en essences, vinaigres aromatisés, eau de Cologne forte, peu de savons de toilette, selles de différentes qualités, mais peu ou point pour femmes, qui montent à cheval comme les hommes, à califourchon.

La consommation de ce dernier article est considérable aux Sandwich, eu égard à l'importance de la population, parce que hommes et femmes indigènes sont passionnés pour l'exercice du cheval.

Honolulu, par un samedi, jour de promenade, présente le tableau le plus pittoresque. Pendant l'après-midi, hommes et femmes, couverts d'étoffes et de rubans aux vives couleurs, qu'ils ajustent d'une manière originale, ne cessent, en galopant à travers les rues et les promenades, de faire croire au voyageur qu'il est au milieu d'essaims de papillons.

Voilà à peu près toutes les marchandises que nous pouvons avoir l'espoir de fournir, en plus ou moins grande quantité, aux Sandwich.

Passons maintenant au détail des usages commerciaux, aux frais qu'ont à supporter les denrées qu'on y importe, à la description des poids et mesures et des monnaies, après quoi nous dirons un mot des retours, et indiquerons le nom des principales maisons qui existaient dans cet archipel à l'époque de notre passage.

Les affaires, à Honolulu, se traitent presque toujours à six mois de terme, avec un escompte de 6 0/0. Si l'acheteur règle comptant, il jouit d'un escompte de 12 0/0, le taux légal de l'argent étant de 1 0/0 par mois.

La vente au comptant, qui a des avantages incontestables, a aussi, cependant, ses inconvénients, qui sont d'affaiblir les bénéfices qu'offre la réalisation des marchandises ; on comprend qu'elles se vendent plus cher à terme qu'au comptant.

Les droits de douane sont de 5 0/0 *ad valorem* pour toutes espèces de marchandises ; les vins et spiritueux avaient été retranchés de ce tarif pour être taxés beaucoup plus fortement. Nous avons vu que cette mesure avait amené des différends entre le Gouvernement français et le Gouvernement hawaïen, différends arrangés aujourd'hui.

Le droit de pilotage est de 1 dollar par pied de tirant d'eau, à l'entrée et à la sortie des navires.

Le taux de commission ou de consignation est de 5 0/0 sur le chiffre des ventes, et celui de ducroire, 2 1/2.

Si les marchandises se vendent à l'encan, ce qui a lieu le plus souvent, le droit d'encan est de 5 0/0 ; mais alors le consignataire diminue sa commission de 2 1/2 0/0, et les frais de commission, de ducroire et d'encan restent, tout compris, de 10 0/0.

Les autres frais sont tellement minimes qu'il est inutile de les énumérer ; ils sont d'ailleurs réglés d'après les délibérations d'une Chambre de commerce légalement instituée et régulièrement organisée.

En les évaluant tous ensemble de 17 à 20 0/0, on est certain d'obtenir une appréciation parfaitement exacte, qui n'est jamais dépassée. Les étrangers sont d'ailleurs assurés de rencontrer chez les agents du Gouvernement, tant aux douanes qu'aux autres bureaux qui en dépendent, l'obligeance et la politesse désirables pour toute espèce de renseignements.

Les monnaies, les poids et mesures de longueur et de capacité sont les mêmes qu'aux États-Unis.

Quant aux retours, comme contre-valeur des objets importés, ils sont nuls, si on excepte les huiles de baleine qu'on trouve à Honolulu pendant le séjour des bâtiments baleiniers, de septembre à janvier.

Aux autres époques de l'année, les navires sont obligés de retourner sur lest jusqu'à la côte d'Amérique, où, depuis Guatimala jusqu'au Chili, ils peuvent prendre des retours en cochenille, indigo, sucre, café, nitrate de soude, argent, cuivre, peaux d'animaux et guano qui se trouve surtout en Bolivie et sur les îles Chincha, en face les côtes du Pérou, à la hauteur de Pisco.

Le Gouvernement des États-Unis a une grande prépondérance aux Sandwich.

La plus grande partie des étrangers qui y sont établis sont ou Américains ou Anglais, et les premiers occupent presque tous les hauts emplois du Gouvernement de Tamehameha, roi de l'archipel. Les autres nations européennes y sont à peine représentées et sans influence. Une maison française y faisait autrefois des affaires importantes, mais la plus grande partie de sa fortune s'étant trouvée compromise dans des opérations en Californie, elle a dû les réduire de beaucoup.

Il y aurait cependant, comme nous avons dû nous en convaincre en lisant le détail des marchandises convenables au pays, moyen d'y entretenir nos relations. Une maison anglaise a été tellement frappée de cette possibilité, que je viens d'apprendre qu'un de ses membres était sur le point de venir en France à cet effet. Ne serait-il pas plus naturel d'entreprendre nous-mêmes ce que les étrangers veulent tenter avec les ressources de notre sol ou de notre industrie ?

Les maisons les plus importantes étaient, au commencement de 1851 :

MM. B.-F. Snow,
Robert C. Janion,
Geo.-F. Hubertson,
H. Hackfeld,
James Robinson et Cᵉ.

Les autres ont disparu.

Je ne puis terminer ce que j'ai à vous dire sur les Sandwich, sans vous exprimer combien je dois être reconnaissant envers M. Crosnier, capitaine de frégate, commandant la corvette la *Sérieuse*, aussi bien qu'envers tout son état-major, pour la bienveillance que ces Messieurs m'ont manifestée, et le bon accueil que j'en ai reçu pendant les six semaines que j'ai eu le plaisir de passer avec eux à Honolulu. Ils m'ont non seulement rendu le séjour de cette escale fort agréable, mais ils m'ont beaucoup facilité les recherches que j'avais à y faire.

IV.

ARCHIPEL DE LA SOCIÉTÉ

(POLYNÉSIE MÉRIDIONALE).

Nous quittâmes Honolulu le 16 février 1851, et le 18 nous étions à Hawaï, distant d'environ soixante-dix lieues. Le 22, nous appareillâmes pour Taïti où nous étions rendu le 19 mars suivant.

Taïti.

Taïti , la principale du groupe des îles formant l'archipel de la Société, est située par le 17ᵉ degré latitude Sud et le 152ᵉ degré longitude Ouest ; le climat de cette île est, par conséquent, chaud , mais les brises qui y règnent presque incessamment, y établissent une température délicieuse à l'abri du soleil. Le thermomètre varie de 28 à 32 degrés centigrades.

Quelquefois les années sont pluvieuses, et alors les pluies ont lieu en abondance pendant l'été qui, dans cet hémisphère, est en janvier, février et mars ; les neuf autres mois sont toujours beaux.

Le sol y est d'une prodigieuse fertilité ; l'arbre à pain ou mayoré, si utile à la nourriture des habitants, y atteint une hauteur imposante ; malheureusement le goyavier, beaucoup plus petit, puisqu'il fait partie de la famille des arbustes, y fourmille, et finira, en accaparant à son profit tous les sucs nourriciers, par étouffer et détruire le premier. L'arrowroot, la canne à sucre, le café, la patate, le taro y prospèrent; il en serait de même de l'indigo, de la cochenille, du maïs, de la vanille, s'ils y étaient cultivés.

Les orangers y croissent et s'y développent au-delà de toute imagination; on en voit souvent parmi eux dont le tronc est de la grosseur du corps d'un homme et la hauteur de 10 à 12 mètres. Ils sont tellement chargés de fruits que M. Bonard, le gouverneur de ces îles à cette époque, me montra un champ, d'une superficie très restreinte, dans lequel on venait de cueillir 70,000 oranges, sans qu'il y parût.

L'île, quoique couverte de très grands arbres d'espèces variées, croissant jusque sur le sommet des montagnes qui, elles-mêmes, atteignent une élévation de 2,400 mètres, renferme quelques pâturages susceptibles de devenir d'une grande ressource pour ce pays manquant de moutons et de bêtes à cornes. Les cochons et les volailles sont, avec les quelques plantes que nous venons de citer, les seuls approvisionnements que peuvent y prendre les navires. L'eau douce y est aussi bonne que limpide, et très facile à faire.

La population de l'Archipel est sans importance, celle de Taïti est évaluée à 8 ou 10,000 indigènes ou Canaques de race cuivrée polynésienne.

Le costume que les missionnaires ont fait adopter à ceux d'entre eux qui fréquentent les Européens, est très simple : il se compose de plusieurs mètres d'étoffes, principalement d'indiennes voyantes, qu'ils se drapent autour du corps depuis la ceinture jusqu'à la cheville, et qu'ils appellent *pareo*. Les hommes conservent presque toujours nu le haut du corps, et s'ils se couvrent, c'est avec une chemise de coton, blanche ou imprimée, qu'ils laissent flotter pardessus leur *pareo*. Les femmes ajoutent quelquefois à leur *pareo* une espèce de peignoir de même étoffe que ce dernier, qui leur enveloppe le corps de manière à dissimuler entièrement le *pareo*. Les individus des deux sexes se tiennent ordinairement la tête nue. Comme il est facile de se le figurer, cet accoutrement n'a rien de remarquable ni d'original, ce qui est fâcheux, car la race taïtienne est digne de ce qu'en ont dit autrefois Wallis, Bougainville, Cook, et, plus récemment, Dumont-Durville. Le tatouage dont ils se revêtent pour ainsi dire le corps, et qui autrefois composait et compose encore, dans certaines localités, leur costume, tout barbare qu'il soit, était certainement plus curieux que celui qu'ils adoptent de nos jours, et s'harmonisait bien mieux, à l'œil du voyageur, avec l'aspect physique si pittoresque et si enchanteur qui caractérise ces différentes îles.

Nous ne pouvons pas nous flatter de donner jamais à cette petite possession française une certaine importance commerciale; elle n'est propre qu'à une station navale, qu'à l'hivernage de quelques baleiniers et comme point d'escale des lignes de paquebots à vapeur qui s'organiseront peut-être un jour, entre la côte Ouest d'Amérique et l'Australie.

Papéïti. Nous voyons qu'en 1850, 198 navires jaugeant 22,269 tonneaux, et apportant une valeur de 3,742,766 fr., avaient touché à Papéïti, seul port abordable pour les gros navires sur l'île qui nous occupe, et résidence du gouverneur français, de son état-major, des employés et des troupes que le Gouvernement y tient en permanence.

Papéïti, comme nous venons de le dire, est le port de Taïti; les eaux en sont profondes, il est vaste, sûr, commode, et forme un hémicycle ravissant, auquel on accède des deux côtés, selon la direction des vents. Du côté Est, on suit, pour y arriver, un chenal de deux ou trois kilomètres de longueur, parfaitement balisé.

Nous décrirons maintenant la nature des marchandises que nous pourrions fournir à notre petite colonie; nous parlerons ensuite de la manière dont s'y traitent les affaires : du parti que doivent prendre, pour opérer leur retour, les navires qui y apportent des chargements, et terminerons en indiquant les noms des quelques maisons étrangères et françaises qui sont venues se fixer dans ce jardin isolé, domaine de la fameuse reine Pomaré, que nous eûmes le plaisir de voir entourée des princesses royales de sa suite.

Dans les cotonnades :

Les indiennes à effet se placeraient avantageusement.

Au nombre des marchandises que l'*Arche-d'Alliance* avait emportées de San-Francisco, se trouvaient plusieurs balles de meubles de Rouen, assortis, avec ou sans enluminures, que nous ne pensions pas pouvoir écouler, en raison du peu de cas qu'on en avait fait dans nos trois escales précédentes. Ce genre plut aux Canaques qui achetèrent promptement ce qu'en avait le capitaine. Les bleu et blanc de ce genre avec enluminure jaune, et les rouge et blanc sans enluminure, furent les plus goûtés.

Les meubles à personnages ne se placeraient à aucun prix.

Les indiennes deuil, noir et blanc enlevage, se sont bien vendues. Les indiennes bleu et blanc enlevage, également.

Les indiennes bon teint, grands dessins, conviennent, ainsi que les indiennes vapeur, dans les mêmes dessins.

Les indiennes meubles glacés ne se vendraient qu'aux Européens, et, par conséquent, en très petite quantité.

Les foulards de coton ont été enlevés, et seraient d'une vente courante dans les couleurs vives et dessins tranchés. Pour donner une idée de la valeur que les Canaques y attachent, il suffira de dire que, dans plusieurs îles de l'Océanie, pour un de ces foulards, nous obtenions d'eux ce que nous voulions : des armes indigènes, des curiosités du pays, cinquante ou soixante beaux ananas qu'ils n'auraient pas voulu se donner la peine de cueillir pour 10 ou 15 francs.

Taïti, par la beauté de son ciel et l'heureuse influence de son climat, nous défie pour nos draperies. N'y songeons pas.

Il n'en est pas de même des soieries et des rubans. Ces deux articles conviennent admirablement, et s'y écouleraient autant que le comporte la population des voluptueuses et coquettes indigènes.

Les vins de Bordeaux, de Champagne, les eaux-de-vie, les liqueurs, l'absinthe, l'eau de fleurs d'oranger, les sirops, les conserves et approvisionnements pour navires, l'huile d'olive, le vinaigre, la verrerie, la faïencerie, les quincailles de toute espèce, la bonneterie, la chaussure pour hommes et pour femmes, les chemises blanches, les chemises imprimées, les paletots et pantalons d'été, les ombrelles, les parapluies en soie, sont des articles qui se vendraient avec de beaux bénéfices à Taïti, en ayant soin de ne pas en envoyer une trop grande quantité à la fois.

Si les affaires ne sont pas considérables dans ce petit archipel, elles y sont en revanche bien faciles. Les ventes se font généralement au comptant, moyennant une commission de 5 0/0.

Aucun droit de douane n'est perçu sur les marchandises.

Les frais de navigation se bornent à un pilotage de 2 f. 50 par pied de tirant d'eau à l'entrée et à la sortie des navires. Il n'y a ni droit de port, ni droit d'ancrage; les frais de débarquement sont presque nuls.

La langue du pays est l'idiome canaque de l'archipel; la langue auxiliaire est le français.

La monnaie qui a cours est la monnaie française.

Les mesures de longueur et de capacité sont aussi françaises.

Les retours sont la partie faible de ce pays, de la prodigieuse fertilité du quel on n'a su tirer aucun parti jusqu'à présent. A l'exception des oranges et des citrons, qu'on expédie en Californie, et quelques autres produits du sol dont nous avons parlé plus haut, on ne trouve à charger que les huiles de baleine qu'y déposent les baleiniers, et l'huile de coco qu'on récolte dans les différentes îles de l'archipel.

Pour faire ou compléter leur chargement, les navires sont obligés d'avoir, comme aux Sandwich, recours à la côte d'Amérique où ils vont prendre les denrées que nous avons signalées à l'article de ces dernières.

Le chiffre des affaires de Taïti ne comporte pas un grand nombre de maisons de commerce, aussi n'aurons-nous qu'à citer celles de :

> MM. Gray,
> Brander,
> Gibson.
> Lucett et Colis,
> Hort frères,

pour les maisons anglaises et américaines.

Et MM. Laharragne,
Touchard,

pour les maisons françaises. La dernière est une succursale de la maison V. Marziou et Cⁱᵉ, de Paris; mais malheureusement les maisons de nos compatriotes ne possédaient, ni l'une ni l'autre, assez de ressources sur ce marché pour lutter avantageusement contre les étrangères, et nous avons vu avec regret, à notre passage, que les bénéfices qui se réalisaient sur les affaires de cette colonie nous échappaient encore.

En présence des considérations que nous avons développées au sujet du Chili et des pays limitrophes, de la Californie, de l'archipel des Sandwich et de celui de la Société, il me semble que nos exportateurs ou nos riches manufacturiers devraient, plus que jamais, songer à l'établissement d'un comptoir largement organisé, en vue de l'intérêt général, à Valparaiso qui, comme point central, rayonnerait avec les pays que nous venons de citer, pour y introduire de plus en plus toute espèce de nos produits français qui y sont déjà si recherchés et s'y écouleraient si bien, si la consommation y était incessamment alimentée.

Abandonnons maintenant cette partie de l'Océan Pacifique, pour nous transporter vers une contrée toute nouvelle, diagonalement opposée à la Californie, et qui, par des circonstances heureuses, vient d'acquérir un développement exceptionnel dans l'histoire du monde, dont l'effet sera de neutraliser, peut-être même de paralyser, celui de cette dernière contrée, point de mire, en 1848, de tous les aventuriers.

V.

AUSTRALIE.

Nous quittâmes Taïti après un séjour d'une quinzaine, le 3 avril 1851, pour nous rendre en Australie avec l'intention de relâcher à l'archipel des Navigateurs, où nous mouillâmes le 21 avril, à Pola, la principale de ce groupe d'îles. Apia est, en ce lieu, à peu près le seul port fréquenté par les bâtiments.

On retrouve dans cet archipel la luxurieuse végétation des pays tropicaux et des montagnes élevées qui contribuent à orner le paysage, mais il ne renferme rien qui puisse nous intéresser sous le rapport commercial. Les ananas y croissent d'une manière merveilleuse ainsi que les bananes de toutes variétés. On y trouve des citronniers, mais pas d'orangers. Les cocotiers y sont, comme dans la plupart de ces îles, fort abondants.

Les indigènes y fabriquent, en malaxant dans l'eau la matière textile de l'ananas et du bananier qu'ils battent ensuite sur des pierres aplaties à cet effet, avec des battoirs en bois, des étoffes dont ils se revêtent quelquefois le corps en les drapant autour d'eux. Ces étoffes ressemblent plutôt à une pâte de papier, qu'ils colorent en jaune orangé ou en rouge, avec des matières colorantes qui ne produisent que des couleurs fugaces.

C'est aux Navigateurs, à Pola, que se trouve maintenant M. Pritchard, auquel notre Gouvernement accorda si mal à propos, il y a quelques années, une indemnité de 25,000 fr. Ce digne missionnaire anglais s'occupe, là-bas, beaucoup plus d'affaires mercantiles que du salut des ames des sauvages qu'il avait mission de convertir. Trouvant apparemment trop difficile la conversion des cannibales, il se mit résolument à leur vendre du tabac, du rhum et de l'eau-de-vie, occupation plus mondaine, mais moins pénible et plus lucrative. Il fit au capitaine l'honneur d'une visite à son bord.

C'est aussi dans une de ces îles, à Toutouila ou Maouna, que MM. Delangle et Lamannon, officiers attachés à l'expédition de Lapeyrouse, furent massacrés avec neuf hommes de leur équipage.

Australie.

Après une relâche de trois jours aux Navigateurs, où sont installés trois missionnaires français, nous appareillâmes pour l'Australie, où nous mouillâmes le 22 mai 1851, dans le port de Newcastle, sur la côte Est, à environ soixante lieues au Sud de Sydney, où nous nous rendîmes par les paquebots à vapeur qui font ce trajet journellement.

Newcastle.

L'Australie, dont l'étendue est estimée par les géographes aux 4/5es de celle de l'Europe, est comprise entre les 10e et 40e degrés latitude Sud et les 111e et 151e longitude Est.

Les Anglais qui, jusqu'à présent, sont les seuls qui y aient fondé des établissements, l'ont divisée en provinces, puis en districts qui eux-mêmes se subdivisent en comtés.

Dans l'Ouest, la province de Western-Australia renferme plusieurs comtés, dont celui de Perth est le seul qui attire quelquefois l'attention. C'est dans ce comté que se trouve Swan-River, où s'arrêtent les paquebots à vapeur faisant le trajet, tous les deux mois, entre l'Europe et Sydney.

Dans le Sud, la province de South-Australia ne comprend que la ville d'Adélaïde dont l'existence mérite d'être signalée. C'est dans cette province que se trouvent les grandes mines de cuivre de l'Australie.

Dans l'Est, la province de New South-Wales (Nouvelle-Galles du Sud), s'étend en latitude depuis le détroit de Torrès jusqu'à celui de Bass. Elle forme la partie réellement importante de cette vaste contrée, et comprend les deux districts de Port-Macquarie et de Port-Philippe, qui renferment les capitales de deux colonies qui, après avoir été réunies, sont aujourd'hui distinctes l'une de l'autre.

Sydney est la ville principale du premier district, la métropole des possessions anglaises de cette partie du monde, le chef-lieu du comté de Cumberland, et possédait, en 1852, 60,000 habitants. Sydney.

Melbourne est la capitale du second, connu maintenant sous le nom de colonie de Victoria, et possédait, en 1852, 30 à 35,000 habitants. Melbourne.

Dans le Sud de l'Australie se trouve la Tasmanie ou Vandiemen's-Land (terre de Vandiemen), formant une île, séparée du continent austral par le détroit de Bass. Hobart-Town, dans le Sud, en est la capitale, et Launceston, dans le Nord, sur le Tamar river qui la relie à la mer, quoique moins importante que la première, offre cependant de l'intérêt comme avenir commercial. Hobart-Town. —Launceston.

Ces trois dernières colonies, comme nous l'avons dit, sont indépendantes les unes des autres ; cependant les gouverneurs des deux dernières sont sous la dépendance hiérarchique de celui de Sydney, qui a le titre de gouverneur général de l'Australie.

Chacune d'elles nomme les membres de son Conseil législatif, à scrutin ouvert, à la majorité des suffrages. Le Gouvernement anglais se réserve le droit d'en nommer quelques-uns qui siégent au Conseil comme représentants de la Couronne.

Moreton-Bay.

Parmi les villes encore à citer, sont : Newcastle dans le district de Port-Macquarie, port de mer sûr et important par ses immenses mines de charbon en exploitation; Moreton-Bay, chef-lieu et port du district de ce nom, d'où l'on a expédié, depuis peu, directement en Angleterre, les laines recueillies dans cette contrée, l'une de celles de New-South-Wales qui en fournit le plus.

Ces préliminaires suffisent pour donner une idée approximative de la division topographique de l'Australie; toutes nos observations relatives à ce pays ne porteront plus que sur le point central des affaires qui s'y traitent, c'est-à-dire Sydney, et bien que Melbourne ou Port-Philippe soit devenu une rivale dont l'importance atteint peut-être aujourd'hui celle de la première, nous ne changerons rien à notre plan, attendu que les renseignements que la nature des choses rend communs à ces deux points, sont exactement les mêmes pour l'un et pour l'autre. Dans les objets de consommation ce qui convient à Sydney convient à Port-Philippe, *et vice versâ*, aussi bien qu'aux autres villes de ce nouveau continent. Ainsi, dans les observations générales, en parlant de Sydney, nous entendons parler de toute la province de New-South-Wales.

Le sol de cette contrée est un mélange de parties rocheuses, sablonneuses et de terre végétale, répartie irrégulièrement sur la surface du sol. Dans les vallées et les terrains plats, peu élevés, la terre végétale domine et la végétation ne laisse rien à désirer. Les autres parties sont recouvertes d'arbres d'espèces peu variées qui atteignent quelquefois de grandes dimensions, mais dont le feuillage blanchâtre, étroit et allongé, donne à l'ensemble un air de mélancolie et de pauvreté qui est loin de rappeler le tableau de nos belles forêts d'Europe (1).

Néanmoins, dans l'intérieur de ces forêts, à une distance de 120 à 150 milles de Sydney, l'ombrage qu'elles produisent suffit pour favoriser la végétation d'une herbe courte, fine et touffue, si convenable pour le pâturage des nombreux troupeaux qui s'élèvent en Australie. Les bois qu'elles produisent sont aussi très propres à la construction. C'est au milieu de ces forêts, ordinairement dans les endroits qui ont été exploités, et où le sol est le plus favorable à la culture, que se créent les grandes propriétés rurales qui, là, prennent le nom de stations, à la tête desquelles on voit souvent les fils ou membres de riches et puissantes familles d'Angleterre.

Il n'est pas rare de compter dans les dépendances de ces grandes exploitations, jusqu'à 20, 25 et 40,000 moutons, plusieurs centaines de têtes de gros bétail, qu'on laisse paître dans les bois et qui deviennent presque sauvages.

La valeur d'un mouton était, à l'époque dont nous parlons (juin 1851), quelques semaines encore après la décou-

---

(1) Une de ces espèces d'arbres que les Anglais nomment *Gum-trees*, arbres à gomme, y est très répandue et fournit une gomme très grossière, de basse qualité, dont on ne tirera jamais, je crois, un grand parti.

verte de l'or, de 5 à 7 schellings, selon la pesanteur et l'état de la toison de l'animal. La viande de bœuf valait de 15 à 25 centimes la livre, et les peaux de 5 à 8 schellings.

Jusqu'à présent, on ne connaît aucun grand fleuve en Australie; cependant, le territoire de New-South-Wales est arrosé par quelques cours d'eau, parmi lesquels nous citerons Hunter river, Macquarie river, sur lequel se trouve Bathurst, ville de 3 à 4,000 âmes, à l'Ouest des montagnes Bleues, sur le versant opposé à Sydney; elle est proprement bâtie et la plus avancée dans l'intérieur; Nepean river, Turon river, qui tous forment à chaque pas des vallées de bel et riche aspect, d'une fertilité prodigieuse qui explique l'accroissement rapide que prend cette contrée.

Sidney. Sydney, de 1848 à 1850, a été alarmée par l'émigration d'un certain nombre de ses habitants pour la Californie, dont l'avenir, à cette époque, préoccupait le monde entier; mais la découverte de 1851 n'a pas tardé à bannir ses inquiétudes en lui ramenant ses enfants et un nombre fabuleux de ceux que la soif de l'or entraîne loin de leur patrie.

Sydney paraît une ville immense, à rues larges, macadamisées, alignées, tombant à angle droit les unes sur les autres, garnies de trottoirs parfaitement entretenus, et bâties de maisons en pierres, à un ou deux étages, bien construites, confortablement distribuées et luxueusement meublées. Elle possède un vaste domaine orné d'un château, résidence du gouverneur général; un jardin botanique vaste et enchanteur, une longue promenade qui borde, vers le Sud, une partie de la ville. Ses nombreuses églises, ses autres monuments, l'organisation de ses compagnies d'assurance contre l'incendie, d'assurances maritimes, de ses maisons de banque, sa Chambre et son Tribunal de commerce, ses journaux, ses imprimeries, la rendent la digne métropole d'une importante et brillante colonie.

Si l'on considère l'étendue des baies et la profondeur des eaux du port de Sydney, un des plus vastes et des plus beaux du monde, la sécurité qu'y trouvent les navires contre le mauvais temps, les navires jaugeant 1,000 tonneaux peuvent s'amarrer à quai, tout chargés, la faculté que ces baies présentent à la ville de s'étendre de tous côtés, sans frais et sans efforts, on ne peut ni fixer, ni prévoir les limites que l'avenir lui réserve. Sydney, enfin, est une ville possédant toutes les institutions d'une cité d'Europe, une ville où chacun, quel qu'il soit, rencontre toutes les garanties dont la prudence humaine peut désirer de s'entourer, une ville où fonctionnent admirablement les ressorts de la civilisation la plus avancée; on n'y est nullement en but, comme on le croit généralement en Europe, aux déprédations des *convicts* (déportés). Au point de vue de la protection légale, être à Sydney, c'est être en France, c'est être en Angleterre.

Si nous joignons à ces avantages les efforts persévérants du Gouvernement colonial, pour encourager aussi bien le commerce étranger que le commerce national, par la réduction des droits d'entrée qui tendent chaque jour à diminuer, qui sont même déjà aujourd'hui presque nuls, la libéralité et la courtoisie qui attendent les étrangers, nous serons forcés d'admettre que peu de pays offrent autant d'encouragement à l'*expatriation* que New-South-Wales, et que la Californie ne peut, sous ce rapport, lui être comparée.

La population de New-South-Wales était, en 1852, y compris celle de Sydney et de Melbourne, de 265,503 habitants. On ne compte pas dans ce relevé la population des Aborigènes qui disparaît de jour en jour, une partie se trouvant détruite par les combats qu'ils se livrent de tribu à tribu, et le reste se refoulant à l'intérieur, encore inconnu, si l'on dépasse une profondeur de 200 milles, c'est-à-dire environ 320 kilomètres.

Du reste, la consommation de ces hideux sauvages est nulle ; ils habitent les forêts, s'abritent sous de mauvaises huttes construites en branches, quelquefois même sous des arbres ; ils marchent nus ou le corps entouré de quelques feuilles, ou de peaux d'opossums dont ils ont mangé la chair ; des végétaux et quelques poissons complètent leur mauvaise nourriture : là s'arrêtent leurs désirs et se bornent leurs besoins. Le spectacle de ces peuplades qui, par leurs mœurs, l'insouciance de leur caractère, aussi bien que par leurs difformités physiques, sembleraient devoir être classées parmi les bêtes plutôt que dans l'espèce humaine, est encore un mystère de plus qui nous voile les intentions du Créateur.

L'époque de notre arrivée en Australie coïncide avec la découverte des mines d'or dans cette contrée, dont nous indiquerons l'importance déjà grande avant qu'elle ne se soit ressentie des effets de cette découverte.

En 1851, il y avait en culture dans New-South-Wales, (j'entends les districts dont font partie Sydney et Port-Philippe), 200,000 acres (1) de terre dont environ la moitié en blé, le reste en maïs, orge, avoine, seigle, millet, pommes de terre et tabac.

Le climat et le sol paraissent se prêter merveilleusement à

---

(1) L'acre anglaise égale 4,046 mètres carrés.

la culture de la vigne, qui, à la même époque, s'y trouvait répartie sur 1,232 acres anglaises, et avait produit 525,305 litres de vin rouge et blanc, et 8,883 litres d'eau-de-vie. Plusieurs sortes de ces vins étaient réellement bonnes, sans pourtant valoir les nôtres.

Il y avait plus de 132,000 chevaux, près de 1,800,000 têtes de gros bétail, 62,000 porcs, et 13 à 14,000,000 de moutons de belles espèces.

On a tiré, pour l'exportation, 218 quintaux de suif d'une valeur de 7,500,000 fr. ; 32,360,000 livres de laine, valant 40,350,000 fr. Le total des exportations de la colonie en produits du sol ou des manufactures s'éleva à 54,522,000 fr. L'ensemble des exportations de toute espèce fut de 59,990,000 fr. ; celui des importations, de 51,957,500 fr., présentant ainsi une balance de 8,032,500 fr. en faveur des exportations.

Le revenu public était de 15,840,500 fr.

L'industrie y avait atteint un développement dont on n'avait pas d'idée en Europe et particulièrement en France. On y comptait :

182 moulins à moudre les grains, dont 86 marchaient par la vapeur ;

7 filatures et tissages de laine bien organisés ;	
20 savonneries ;	5 fabriques de chapeaux ;
14 manufactures de tabac ;	6 corderies ;
2 raffineries de sucre ;	74 tanneries ;
2 distilleries ;	Une fabrique de sel ;
33 brasseries de bière ;	5 poteries ;

15 établissements de viande salée et conserves alimentaires ;

1 établissement de gaz pour Sydney ;

20 fonderies de fonte de fer.

On construisit 120 navires jaugeant ensemble plus de 9,000 tonneaux.

Pendant cette même année, 976 navires, jaugeant 234,215 tonneaux, entraient dans les ports de cette colonie ; 1,014, jaugeant 263,894 tonneaux, en sortaient.

Ces chiffres indiquent mieux que les paroles les plus éloquentes, l'importance de ce pays ; plus de détails seraient inutiles, nous allons nous attacher maintenant à faire ressortir les ressources qu'il offre relativement aux importations.

Quelque florissante que nous ayons dépeint l'industrie de New-South-Wales, ne croyons pas qu'il n'y ait rien à faire pour l'Europe; cette industrie était encore loin de suffire aux besoins de ses habitants, et la découverte de l'or qui, d'un côté, sera si favorable au développement de cette contrée, par le surcroît de population qu'elle y aura amené, a aussi pour elle ses effets fâcheux, et entre autres, celui de paralyser l'élan d'une industrie naissante, au profit des vieilles nations.

La première condition pour tenter l'importation de marchandises dans un pays, est de connaître la nature des marchandises qui s'y consomment.

Le chiffre de la quantité introduite de chaque marchandise est également utile à connaître pour donner une idée de la proportion dans laquelle les envois doivent être composés. Le tableau suivant atteindra ce but.

Nous ne comprendrons pas, dans ce tableau, les articles sans intérêt pour nous, soit parce qu'ils ne sont pas importés d'Europe, comme le sucre, le thé, le café, le tabac, soit parce que le bas prix auquel peuvent les fournir les Anglais nous rend toute concurrence impossible ; ces derniers articles forment un chiffre de près de vingt millions de francs.

Marchandises importées dans la colonie de New-South-Wales,
en 1850.

Vêtements communs, effets de matelots .	2,751,225 fr.
Armes pour Sydney seulement.	14,300
Brosserie	76,225
Tapis ou étoffes pour tapis	74,375
Couleurs pour les peintres	131,125
Bonbons, articles de confiserie.	40,125
Bouchons de liège et bondons	45,475
Cotonnades	3,678,175
Curiosités.	2,800
Drogues pharmaceutiques	545,450
Faïence et porcelaine	574,275
Lin et chanvre	40,275
Fruits secs	440,425
Meubles pour appartements	239,275
Verrerie	359,825
Verres à vitre	35,625
Fournitures de cordonnerie.	37,075
Mercerie	3,323,525
Quincaillerie	2,979,900
Chapeaux d'hommes et de femmes, casquettes	459,000
Fournitures pour chapellerie	20,850
Bonneterie et gants	481,700
Instruments de musique	244,450
Idem scientifiques.	17,400
Bijouterie	152,825
Cuir non ouvré	53,200
A reporter.	16,818,900

Report.	16,818,900 fr.
Bottes et souliers (chaussures)	863,775
Toiles de lin ou lingerie	3,919,525
Marbre.	33,975
Articles de mode	130,550
Etoupes	11,925
Huile de lin	64,150
Epicerie , huile d'olive , sardines , etc. .	1,382,100
Parfumerie	67,700
Tableaux à l'huile , gravures	38,975
Poix et goudron	76,550
Sellerie et harnais	565,800
Sel commun.	276,225
Provisions pour navires	48,750
Soieries	217,850
Ardoises	104,100
Eaux-de-vie	1,197,050
Vins	960,200
Papeterie et librairie	1,412,225
Etain et objets en étain	139,425
Joujoux et objets tournés.	78,075
Essence térébenthine et vernis	52,625
Ficelle et fil	63,450
Parapluies et ombrelles	20,100
Vinaigre	83,100
Montres et pendules.	39,800
Laine filée et teinte	5,925
Draps et étoffes de laine	2,730,200
Sacs pour les laines et étoffes pour sacs .	786,225
Total	32,189,250 fr.

L'ensemble de tous ces articles forme une valeur dont la somme s'élève à trente et quelques millions de francs ; il y en a quelques-uns qui doivent, certainement, nous permettre de figurer pour une somme, même assez forte, dans ces expéditions.

Nous nous étendrons un peu sur ceux qui sont de nature à nous concerner plus particulièrement.

Les vêtements communs qu'on importe à Sydney sont des paletots, vestes, pantalons et gilets en laine, mais toujours d'un prix très bas. Des paletots, vestes, blouses, pantalons en toile de fil, en toile de coton très forte et en une autre étoffe de coton particulière, sans duvet, imitant le velours qui, en France, se fabrique à Amiens, et qu'on désigne sous le nom de *peau de taupes*.

Il se consomme aussi une très grande quantité de chemises d'hommes en calicot blanc, commun et fort, en calicot imprimé à peu près de même sorte, et en articles de coton que nous appelons articles de rouennerie, pour blouses et pantalons, comme on a pu en voir dans les échantillons que j'ai envoyés. Ces chemises, en calicot blanc ou imprimé, se vendaient au détail de 28 à 32 schellings la douzaine ; les détaillants les payaient en gros depuis 20 jusqu'à 24 schellings, prix qui ne doivent pas nous permettre de lutter.

On désigne sous le nom de cotonnades, les calicots, les indiennes, les cravates, les mousselines, les rouenneries de toute espèce, toute étoffe de coton n'étant pas encore confectionnée.

Pour les calicots, nous ne devons pas y penser ; les nôtres sont de beaucoup trop chers.

Les indiennes nouveautés, genre Alsace, auraient, contre les indiennes anglaises, des chances de succès. Il en serait de même des indiennes vapeur de Rouen, produisant de jolis effets, ainsi que de celles fond blanc, petite et grande laize, pour chemises et robes d'été.

La laize des toiles est insignifiante, ainsi que le métrage. On vend à la yard ou au mètre indifféremment.

Le métrage des pièces anglaises y est ordinairement de 28 à 32 yards, pliées l'envers dessus, et pointées aux deux extrémités.

L'acheteur trouve toujours dans le métrage un énorme boni, qui n'est pas moins, quelquefois, de une yard à une yard et demie.

Notre laize de 70 centimètres est désavantageuse; on l'assimile à la laize anglaise de 60 centimètres, et on ne tient compte de la largeur que quand elle dépasse 80 centimètres, comme dans les toiles d'Alsace.

Les cravates que nous avons fait voir ont été trouvées parfaitement fabriquées et de très bon goût, mais trop chères; cependant, un assortiment dans le bon marché s'y écoulerait. Il serait mieux pour Sydney de ne pas réunir, comme on l'avait fait, les cravates chères avec les cravates à bon marché, et de les partager en deux séries.

Nos doublures assorties conviendraient; on pourrait essayer les coutils russes, dans les belles qualités, ainsi que les étoffes damas coton, assorties de nuances.

Toutes nos étoffes, genre rouennerie, étaient beaucoup trop chères.

Presque toutes les porcelaines et faïences viennent d'Angleterre et non de Chine, comme on pourrait le supposer. Il faudrait comparer les prix anglais avec les nôtres.

Nos fruits secs conviennent très bien.

Les meubles français, solidement confectionnés, sont

recherchés, surtout les fauteuils à la Voltaire, les fauteuils et chaises en crin, les sofas de toute sorte, les armoires à glace.

Les chaussures françaises pour hommes et pour femmes s'écoulent très bien à Sydney, ainsi que les chapeaux de soie pour hommes, avec têtes fortes, et les chapeaux de Paris pour femmes.

Dans nos articles de mercerie et de bonneterie, beaucoup de choses conviendraient. Notre mercerie est renommée dans le monde entier.

La ganterie rentre peut-être plus encore dans notre domaine; le titre de *gants français* en est un infaillible à la vente de ces objets.

Les instruments français de musique, de science et de chirurgie sont très estimés.

La bijouterie française de pacotille ne s'y vend pas; il la faut de bonne qualité.

Les huiles d'olive, les sardines, les anchois, les olives, certaines substances alimentaires s'y consomment en grande quantité.

Notre parfumerie y serait un bon article.

Nos soieries y étaient goûtées, mais la concurrence anglaise, belge et allemande leur était très redoutable, parce que nos assortiments, qui y étaient envoyés par des maisons étrangères, en quelque sorte indifférentes à leur grand écoulement, étaient peu soignés et mal entendus.

Les choses ont dû changer par l'installation récente de maisons françaises en Australie, et il n'est pas douteux pour moi que les modes de Paris, que l'on apprécie et que l'on recherche en Angleterre, n'acquièrent de plus en plus la suprématie au milieu de cette population anglo-australienne.

Les articles de Paris, joujoux et objets tournés ont, comme partout, le sceptre du bon goût et de l'habileté.

Nos montres, mais principalement nos pendules de fantaisie, bas prix, pourraient se placer.

Les eaux-de-vie et les vins sont la branche la plus importante de nos exportations en Australie. Les eaux-de-vie surtout s'y consomment en quantité considérable, et cette quantité augmente chaque jour d'une manière surprenante.

Les vins d'Espagne et de Portugal ont l'avantage sur les nôtres, qu'on trouve généralement trop faibles. Le commerce de ces liquides était entre les mains des maisons anglaises.

Les vinaigres blancs, un peu forts, sont un bon article.

Quant aux draps et articles de laine, ils sont encore plus exposés à la concurrence belge, allemande et anglaise. Ceux de nos draps qui ont été envoyés à Sydney ont été trouvés bons, trop bons même. On leur a reproché d'être trop forts, trop épais, trop foulés, de ne pas être assez moelleux, assez légers, de manquer de reflet, et, par-dessus tout, d'être trop chers. J'ai envoyé dans le temps un tableau d'échantillons de draps consommés à Sydney, qui a pu donner une idée exacte de la qualité et des prix qui conviennent.

Les conditions d'escompte pour la draperie étaient de 10 à 25 0/0, selon l'abondance sur place ou la rareté de la marchandise. C'est l'escompte qui fait le prix, la cote ne change pas, elle reste invariablement fixée d'après le genre et la qualité de l'étoffe.

Les couleurs les plus portées sont le noir, le bleu foncé et le vert invisible.

Les étoffes de fantaisie devaient être, à l'époque où nous nous reportons, en petite quantité, et dans les nuances gris, gris cendrés ou mélangés, dans les nuances unies et feuille morte.

Les autres tissus de laine qui auraient chance de placement, sont : les mousselines laines unies, en nuances assorties, les flanelles imprimées en belle qualité, les mérinos en nuances variées, mais bon marché.

On a pu voir dans les échantillons envoyés, les autres genres de tissus qui conviendraient.

Un fait récent qui doit être signalé, c'est que les importations de New-South-Wales, qui étaient en 1850, de cinquante-deux millions, se sont élevées, pendant les quatre premiers mois de cette année, à cinquante millions, c'est-à-dire presqu'à la même somme, pendant le tiers de 1854, que pendant toute l'année de 1850.

Je terminerai là les renseignements que j'avais à donner sur les importations de ce pays, pour examiner les retours qu'on peut s'y procurer.

Nous avons vu, en mentionnant le chiffre des exportations, que la laine et le suif en constituaient la majeure partie ; parmi les autres articles dont la valeur totale s'élève à une douzaine de millions, on doit citer le cuivre, les peaux salées de bœufs et de vaches, les pieds de bœuf, les cornes, les os, les huiles de baleine et de cachalot ; le reste se compose en grande partie de marchandises réexportées.

Dans ces retours nous n'avons fait aucune mention de celui qui est devenu aujourd'hui le plus important comme valeur, celui de l'or ; mais, comme les journaux tiennent régulièrement au courant des phases de son extraction, et que d'ailleurs il ne nous intéresse pas spécialement, puisqu'il ne forme pas comme les autres la base des chargements de navires, qu'il rentre plutôt dans les affaires de banque que dans les affaires proprement commerciales, nous nous dispenserons d'en parler, en disant seulement que, d'après des lettres récentes de personnes bien informées, le produit des mines de Sydney et de Port-Philippe, où s'occupent cent cinquante à deux cent mille travailleurs, s'élève à la somme prodigieuse de quatre-vingts à cent mille onces d'or par semaine, soit six à huit millions de francs.

Le fret d'Angleterre en Australie était de 30 à 37 francs le tonneau. Il est clair que les armateurs doivent être intéressés dans les opérations, pour pouvoir se contenter de frets aussi bas. Le passage des nombreux émigrants qu'ils transportent, les indemnise souvent aussi largement.

Le droit de pilotage était de 6 francs 25 cent. par pied de tirant d'eau.

Le droit de quai était d'environ 1 franc 80 cent. par tonneau.

Les frais de transport et de débarquement étaient également de 1 fr. 80 cent. par tonneau.

La commission de vente de 5 0/0.

Le ducroire de 2 1/2 0|0.

Les ventes se faisaient à terme de trois, quatre ou cinq mois, et étaient réglées immédiatement par billets à ces termes, qui s'escomptaient de 6 à 8 0/0 par an.

Les droits de douane ou droits d'entrée, étaient de 10 0/0 *ad valorem*, mais à la veille d'être réduits de moitié.

Les droits sur les vins et spiritueux étaient plus élevés, mais, n'étant acquittés qu'après la vente et par l'acheteur, ils ne nous concernent pas.

La commission d'achat pour les retours était de
2 1/2 0/0.

Les frets pour l'Europe se réglaient de la manière suivante :

La laine , 0 fr. 06 cent. par livre ;

Le suif, 40 à 50 fr. par tonneau ;

Les peaux, 18 à 20 par dito : il en entre 45 à 50 au
tonneau ;

L'huile , 75 à 80 fr. le tonneau liquide ;

L'or, 1/2 0/0 sur la valeur.

Les retours en papier se faisaient en traites sur Londres ,
du gouvernement anglais ou des maisons de banque de
Sydney, tantôt au pair , tantôt variant au-dessus ou au-
dessous.

A Sydney, comme dans la plupart des colonies anglaises
ou des pays américains , les ventes se font non-seulement
de gré à gré , entre les négociants, mais le plus souvent par
l'intermédiaire des encanteurs. Ces derniers étaient et sont
encore en grand nombre à Sydney ; il y a chaque jour
plusieurs encans dans lesquels se traitent d'importantes affaires.

On conçoit que les cours y varient d'une manière extraor-
dinaire, quelquefois ils y sont très avantageux, mais dans
d'autres, désastreux.

Dans ces encans les conditions de vente sont au comptant
ou à terme , avec un escompte qui varie selon la longueur
des termes.

L'encanteur , moyennant sa commission de 2 1/2 0/0 ,
reste seul personnellement responsable. Le vendeur a la faculté de retirer sa marchandise avant l'adjudication , si le

prix ne lui convient pas ; dans ce cas le premier n'a droit à aucune commission.

Les principales maisons de la place étaient, en 1851 , celles de :

MM.	MM.
Smith Campbell et Ce ;	Campbell et Ce ;
Thacker et Ce ;	Swain, Webbs et Ce ;
Brown et Ce ;	Smith, Croft et Ce ;
Flower, Salting et Ce ;	R. How et Ce ;
Henri Moore ;	Wm Walker et Ce ;
Gilchrist et Alexandre ;	Donaldson et Ce ;
Lyall Scott et Ce ;	Griffiths, Fanning et Ce ;
A. et M. Moses ;	Montefiore, Graham et Ce ;
Robert Towns ;	Smith brothers ;
Lamb, Parbury et Ce ;	George Thorne et Ce ;
Willis, Merris et Ce ;	J. Beit et Sons ;

toutes ou presque toutes anglaises.

Là se termine, Messieurs, ce que j'avais à vous dire sur Sydney ; je crois que les considérations qui précèdent, en mettant en évidence toutes les ressources de cette importante possession anglaise, et en faisant ressortir les avantages que peuvent y rencontrer les étrangers qui vont s'y installer, rendent superflus les vœux que nous pourrions émettre, d'y voir nos compatriotes tenter d'y participer de plus en plus.

Si cette colonie s'est trouvée, comme sa rivale la Californie, exposée à un bouleversement, ayons foi dans le savoir-faire anglais en matière commerciale et établissements coloniaux, il ne sera que momentané. Ne craignons pas que cette perturbation se prolonge, dans New-South-

Wales, aussi longtemps que nous le voyons se prolonger en Californie.

Cette dernière contrée, en 1848, au moment de la découverte de l'or, n'était que la patrie de quelques pêcheurs indigènes ou mexicains, qui se livraient à la pêche ou au commerce des peaux ; ils avaient pour habitation des cabanes, les villes n'existaient pas, la culture était complètement nulle, tout était donc à créer.

Nous avons vu, au contraire, qu'à l'époque de la découverte de l'or dans New-South-Wales, cette contrée était déjà florissante, et avait atteint, sous tous les rapports, une grande importance ; nous avons vu aussi que la grandeur et la belle construction de ses villes, avec leurs monuments et leurs établissements de toutes sortes, aussi bien que les institutions qui régissaient le pays et en protégeaient les habitants, rendaient cette colonie digne d'être assimilée à notre vieille Europe.

Il est donc inutile d'insister davantage sur le choix que doivent faire ceux de nos compatriotes qui sont disposés à aller chercher fortune dans ces pays lointains. Notre avis est que la préférence doit être donnée sans hésitation à l'Australie, dont la beauté et la salubrité du climat seront encore pour eux une consolation aux chagrins de l'exil.

VI.

CHINE.

Nous quittâmes le port Jackson le 6 novembre 1851 , et quelques jours après, le 20 , nous étions mouillés à l'île des Pins , une des plus S.-E. de la Nouvelle-Calédonie , où, dans le N.-O. , dix mois avant , deux officiers et huit hommes de la corvette de trente canons l'*Alcmène* , avaient été tués et mangés par les insulaires.

Ile des Pins. — L'île des Pins , abstraction faite de quelques écailles de qualité commune, d'un peu d'holothuries , de tripang , de biche de mer , qui entrent dans l'alimentation des Chinois riches, et du sandal, que nous y chargeâmes pour la Chine, partie à fret , partie pour le compte des opérations des Chambres de commerce de Rouen et d'Amiens, n'offre rien d'intéressant pour le commerce.

Nous y trouvâmes quatre missionnaires français , bien installés.

On sait qu'il y a quelques mois, le Gouvernement français a fait acte de prise de possession de cet archipel, et que M. Tardy de Montravel, capitaine de vaisseau, commandant la corvette la *Constantine*, fut chargé de faire l'étude générale de ces îles ; par son rapport très étendu, qui a paru le 10 août dernier dans le *Moniteur,* on a vu que les forêts renferment des essences de bois propres aux constructions , des mines d'or, de plusieurs autres métaux (nous ont dit les missionnaires dans le temps), et du charbon.

Cependant, nous doutons que d'ici à longtemps notre commerce puisse en tirer un parti avantageux ; la seule importance qu'on doive reconnaître à cette nouvelle possession , c'est une importance toute militaire, en raison des magnifiques ports qu'on y rencontre et qui offrent une entière sécurité.

Le 27 novembre, nous appareillâmes pour Annatom qui fait partie des Nouvelles-Hébrides , et le 30, nous y étions rendus.

Nouvelles-Hébrides.

Annatom.

Nous n'avons rien à ajouter sur cette escale à ce que nous avons dit sur la précédente ; les ressources et le commerce y sont les mêmes, presque nuls ; nous y complétâmes notre chargement en bois de sandal , destiné également pour la Chine.

Depuis longtemps, la plupart des îles de l'Océanie fournissaient une assez grande quantité de ce bois au Céleste-Empire et à l'Europe, ce qui amenait de temps à autre quelques bâtiments de commerce dans ces parages ; bientôt elles verront ce faible commerce leur échapper, par suite du fâcheux effet d'une exploitation faite sans discernement, on pourrait dire, à la sauvage.

Après un séjour d'une huitaine, nous partîmes d'Annatom, le 7 décembre, et le 13, nous déposions à Ticopia, dans l'archipel de Santa-Cruz, deux missionnaires français, au milieu d'une population entièrement sauvage, n'ayant jusqu'alors admis dans son sein qu'un seul Européen, celui qui aida le capitaine Dillon à retrouver les débris des deux bâtiments du malheureux Lapeyrouse, qui périrent sur l'île de Vanikoro, tout près de celle dont nous parlons.

Les Révérends Pères Roudaire et Anliard étaient devenus nos amis. Nous les débarquâmes à midi, et, à six heures du soir, après leur avoir fait un triste et touchant adieu, qui sera sans doute éternel, nous les abandonnâmes, à la garde de Dieu, aux anthropophages qu'ils avaient la volonté de convertir.

De Ticopia, nous arrivâmes sur les côtes de Chine, à Changhaï, le 9 février 1852, après une navigation totale de quatre-vingt-douze jours.

Changhaï n'est pas un port de mer ; cette ville est située sur un affluent du Yang-tszé-Kiang, le Woossung, capable de porter les navires de 1,500 à 2,000 tonneaux, qui peuvent presque accoster à quai. Des pilotes chinois ou européens se prennent à l'embouchure du Yang-tszé-Kiang, ou fleuve Bleu, et moyennant 20 ou 50 piastres, selon qu'on choisit un Chinois ou un Européen, ils vous mouillent, après un parcours d'environ 50 milles, en face d'un village qui porte le nom du Woossung, situé à l'embouchure de la rivière de ce nom. Là, le plus souvent, on attend la marée pour remonter à Changhaï, où l'on arrive ensuite en deux heures. Pour redescendre à la mer, on prend également des pilotes, la navigation étant dangereuse.

C'est à Woossung que se trouvent les navires chargés d'opium. Les embarcations chinoises viennent en prendre livraison à bord, l'entrée de cette marchandise étant prohibée; aussi les navires sur lesquels on le conserve en entrepôt sont-ils armés comme de vrais bâtiments de guerre.

Il règne sur le Woossung, à la hauteur de Changhaï principalement, une grande activité. Plus de 1,000 jonques chinoises, jaugeant depuis 100 jusqu'à 400 tonneaux, sont continuellement mouillées devant la ville et rangées symétriquement de manière à laisser la circulation libre sur la rivière.

Les navires étrangers, toujours de fort tonnage, variant en nombre de 10 jusqu'à 60, selon la saison, sont mouillés un peu au-dessous des jonques, devant les factoreries européennes. C'est à Changhaï que se donnent rendez-vous les plus beaux *clippers* du monde.

Vous vous rappelez, Messieurs, que les opérations des Chambres de commerce de Rouen et d'Amiens avaient été, dans le principe, spécialement organisées pour aller soumettre aux Chinois les produits des manufactures des deux départements de la Seine-Inférieure et de la Somme, afin de se rendre un compte exact de la manière dont elles seraient appréciées, et recueillir sur ces marchandises, aussi bien que sur toutes les autres de notre pays, des renseignements pratiques, propres à faire naître ou à faciliter nos relations avec le Céleste-Empire.

Par une suite de circonstances malheureuses pour le but de l'opération, la destination du voyage fut modifiée, et ce ne fut qu'au bout de deux ans que nous touchâmes à Changhaï avec une très faible partie, ou plutôt le reste, le rebut de l’expédition.

La fâcheuse coïncidence de notre arrivée avec les fêtes du nouvel an chinois, qui, pendant trois semaines, font cesser toute espèce d’affaires, vint encore compliquer l’embarras de notre position.

Après un mois de séjour passé par force majeure, pour ainsi dire, dans l’oisiveté, le capitaine de l’*Arche-d’Alliance* se décida à profiter d’un fret avantageux qui se présentait pour Batavia, et partit n’ayant pu réaliser qu’une très faible portion de ses marchandises.

Je ne le suivis pas ; je restai à Changhaï avec M. de Montigny, consul de France dans cette ville, et je pus, grâce à l’empressement de ce fonctionnaire intelligent et zélé, et aux moyens qu’il eut la bonté de mettre à ma disposition, commencer des recherches, qui, par l’envoi des échantillons que j’ai fait il y a deux ans, et les développements que je répèterai maintenant, seront sinon très utiles pour le moment, au moins très intéressantes pour nos fabricants.

On sait que nous ne pouvons pénétrer que dans six villes de l’Empire chinois. Ces villes sont, en commençant par le Nord :

> Changhaï,
> Ning-Pô,
> Fou-Tcheou-Fou,
> Amoy,
> Canton,
> Macao.

Hong-Kong est une île située à l’embouchure du Tigre, sur la rive gauche de ce fleuve, et concédée aux Anglais à la suite de la guerre de 1844. Ce point forme le septième où peuvent aborder les étrangers.

Changhaï, au Nord, et Canton, au Sud, sont les deux places qui offrent le plus d'intérêt au point de vue commercial, et servent d'artères à celles de l'intérieur.

Les tissus de coton étant, pour notre industrie locale, les plus importants, ont attiré les premiers mon attention, et c'est pour eux que je me permettrai d'appeler d'abord celle de la Chambre de commerce.

Les échantillons de tissus que j'ai pu réunir composent une série de vingt-et-un numéros, de 1 à 21.

Le n° 1 est une pièce de calicot anglais écru, *grey shirtings*, pesant 3 kilogr. 932 pour 38 1/2 yards, ayant 98 centimètres de laize, 16 duites et 19 fils de chaine. Cette sorte se vend, aux marchands de gros, chinois, 15 fr. la pièce.

Deux négociants chinois et un courtier, faisant de grandes affaires, que j'ai consultés chacun séparément, sont tombés d'accord que le marché de Changhaï absorbait, depuis un an ou deux, le chiffre énorme de 2 millions de pièces de cette qualité, par an. Ce chiffre dépasse celui des estimations officielles, mais on n'aura pas lieu de s'en étonner quand on saura que les négociants européens ont intérêt à faire leurs déclarations les plus basses possibles, afin d'éviter des droits d'entrée, et qu'en outre, ils vendent souvent comme avariées, parce qu'alors l'administration chinoise ne réclame aucun droit, de grandes quantités de marchandises qui n'ont éprouvé presqu'aucun dommage.

Le n° 2 est une pièce de calicot écru, d'une sorte moins belle que le n° 1, pesant 3 kilog. 932 pour 38 1/2 yards, ayant 98 centimètres de laize, 17 duites et 17 fils de chaîne. Cette sorte se vend, aux marchands de gros, chinois, 14 fr. 88 c. la pièce.

Le n° 3 est une pièce de calicot écru de moins belle sorte que le n° 2. Elle pèse 3 kilog. 630 pour 38 1/2 yards; elle a 98 centimètres de laize, 14 duites, 15 fils de chaîne, et se vend aux marchands chinois 14 fr. 70 c. la pièce.

D'après les autorités que je viens de citer, le marché de Changhaï absorberait annuellement, de ces deux sortes, n°⁵ 2 et 3, un million de pièces. Ces trois sortes de calicot sont celles qui constituent la majeure partie des importations anglaises en produits de coton manufacturés; les autres qualités, dont nous allons nous occuper, sont d'un placement beaucoup moins considérable.

Le n° 4 est une pièce de calicot écru, pesant 4 kilog. 532 pour 38 1/2 yards, ayant 1 mètre 2 centimètres de laize, 18 duites, 16 fils de chaîne, en fil plus fort que les trois numéros précédents, et se livre au prix de 17 fr. 40 c. la pièce. La consommation en est, m'a-t-on dit, d'une cinquantaine de mille pièces par an.

Le n° 5 est une pièce d'une qualité que nous appelons en France gros coton écru (*grey coarse cloths*). Cette sorte est forte, épaisse, assez mal tissée; elle pèse 3 kilog. 630 pour 24 yards, a 82 centimètres de laize, 18 duites, 16 fils de chaîne, et se vend 11 fr. 10 c. la pièce. Il s'en consomme à peu près 20,000 pièces par an.

Le n° 6 est une pièce de calicot blanc, *white shirtings.* Cette sorte se vend d'après la qualité et non au poids. Les pièces ont 40 yards, 92 centimètres de laize, 12 duites, 16 fils en chaîne, et se livrent à 12 fr. la pièce. La consommation en serait de 50,000 pièces par an.

Le n° 7 est une pièce de croisé blanc, *white drills.* Cet article se vend d'après la qualité, non au poids. Les pièces ont 40 yards de long, 92 centimètres de laize, et se vendent

17 fr. 40 c. la pièce. Il s'en consomme 5,000 pièces par an.

Le n° 8 est une pièce de qualité supérieure au n° 7, pesant de 9 kilog. 932 à 4 kilog. 083 pour 40 yards, ayant 90 centimètres de laize, et se vendant 19 fr. 20 c. la pièce.

On n'a pas pu me dire pourquoi ce n° 8 se vendait au poids, et pas le n° 7. On en consomme 10,000 pièces par an.

Le n° 9 est une pièce de calicots façonnés, *spotted shirtings*, pesant 3 kilog. 781 pour 40 yards, ayant 92 centimètres de laize, se vendant de 17 fr. 40 c. à 18 fr. la pièce. Cet article, en dessins assortis, s'écoule dans la proportion d'environ 10,000 pièces par an.

Le n° 10 est une pièce de croisés teints, *colored drills*, se vendant d'après la qualité, non au poids. Les pièces ont 24 yards, 82 centimètres de laize, et se livrent à 13 fr. 20 c. la pièce.

La pièce d'échantillon est d'un vert qui convient aux Chinois.

L'assortiment doit être dans les nuances et proportions suivantes :

> 25 pièces bleu foncé,
> 5 bleu clair,
> 5 grenat,
> 5 vert.
> 5 gris cendré,
> 3 grenat foncé.
> 2 noir.

Les caisses sont de 50 pièces.

On demande quelquefois des nuances roses, mais rarement. Il s'écoule de cet article environ 2,000 pièces par an.

Le n° 11 est une pièce de mousseline façonnée, *spotted*

muslin, servant dans la belle saison pour robes *d'hommes;* les pièces ont 12 yards de long, 90 centimètres de laize, et se vendent 12 fr. la pièce. Consommation indéterminée.

Le n° 12 est un échantillon de calicot blanc, de qualité supérieure au n° 6. Les pièces de cette sorte ont 40 yards, 92 de laize, 17 duites, 20 fils en chaîne, et se vendent 18 fr. la pièce. La consommation en serait de 20,000 pièces.

Les n°˙ 13, 14, 15 sont des échantillons de croisés, grenat foncé, bleu foncé, bleu clair, remis par les Chinois comme types pour ces trois nuances.

Le n° 16 est un échantillon de calicot façonné rose, remis aussi comme type pour cette nuance.

Le n° 17 est un échantillon qui représente, sur calicot, l'article bleu prussiate, fond uni. Les pièces ont 40 yards, 88 centimètres de laize, 16 duites, 18 fils en chaîne, et se vendent 25 fr. 20 c. la pièce. Il s'en écoule à Changhaï environ 5,000 pièces par an. Les Chinois sont grands amateurs de ce bleu. Ils ont trouvé plus beau que le bleu anglais, celui des échantillons de l'assortiment de doublures de l'expédition. On n'aurait donc qu'à se conformer aux longueur, laize et qualité indiquées ci-dessus.

Le n° 18 est un échantillon de l'article rouge Andrinople uni.

Les pièces ont 24 yards, 84 centimètres de laize, 19 duites, 19 à 20 fils en chaîne et se vendent 24 francs la pièce. La consommation en est d'environ 2,000 pièces par an.

Le n° 19 est un mouchoir de coton anglais, genre impression réserve, fond bleu indigo, ayant 69 centimètres de hauteur, 73 centimètres de largeur, 12 millimètres de coupe, le tissu 15 duites et 20 fils en chaîne. L'article se vend 3 fr. 90 cent. la douzaine.

Le n° 20 est un mouchoir de coton fantaisie, genre mordançage et deux impressions, ayant 69 centimètres carrés y compris la coupe toujours très étroite, le tissu a 18 duites, 16 fils en chaîne. L'article se vend 4 fr. 08 cent. la douzaine; la consommation en est peu importante, elle est, pour chacun de ces deux articles, de 60 caisses de 200 douzaines par an.

Le n° 21 représente deux échantillons de velours de coton anglais, qui m'ont été remis par les Chinois, comme tons de nuances très convenables pour les bleus et les noirs ; ces velours sont un peu plus étroits que les velours français et se vendent, à Changhaï, 1 fr. 50 cent. la yard.

Je ne m'occuperai pas de la comparaison entre les prix obtenus sur le marché chinois et ceux de revient de nos manufacturiers, ils peuvent le faire tout aussi bien, sinon mieux que moi. Je rappellerai seulement qu'on ne doit pas perdre de vue que les Anglais ou les Américains ont souvent peu de marge sur leurs expéditions, qu'ils perdent même sur la plupart, mais que les bénéfices qu'ils font sur les retours, les indemnisent au-delà de leurs pertes primitives.

Avant de passer aux renseignements que j'ai recueillis sur celles de nos marchandises qui avaient été chargées à bord de l'*Arche-d'Alliance*, je dirai quelques mots sur le conditionnement de celles qui viennent de nous occuper.

Les calicots, comme on l'a vu, sont par pièces régulières de 24, 38 1/2, 40 yards, selon les sortes et dans les laizes indiquées à chaque sorte.

Les calicots écrus sont emballés ainsi : enveloppés d'abord

en papier commun, puis en toile grise, par balles de cinquante pièces, cerclées en fer, deux ou trois cercles dans la longueur.

Quelques maisons les emballent avec plus de soin, de la manière suivante : enveloppés d'abord en gros papier, ensuite en toile légère, puis en forte toile goudronnée, enfin, en quatrième lieu, en toile d'emballage ordinaire.

Les balles sont toujours de cinquante pièces, également cerclées en fer.

Les calicots blancs sont enveloppés d'abord en papier commun blanc, par paquets de cinq pièces, puis encaissés dans des boîtes de ferblanc soudées, qui elles-mêmes sont renfermées dans des caisses en bois cerclées en fer.

Les caisses se composent de cinquante pièces. Les croisés teints, les doublures, les indiennes, sont emballés de cette dernière manière, ainsi que les foulards qui sont par boîtes de cent vingt douzaines.

Les indiennes doivent être, comme les calicots, par pièces régulières, c'est essentiel ; elles doivent avoir 28 yards de long, les étroites 28 pouces anglais (71 centimètres de laize), les larges la laize des alsaces, et être toutes crochées sur la yard, repliées en trois, l'envers dessus, pointées aux deux bouts, à peu près vers le milieu.

Je sais qu'en France nous avons toujours éprouvé de grandes difficultés pour obtenir des pièces d'indiennes de longueur régulière ; mais cette difficulté provenait très souvent de ce que, pour l'exportation qui exige ordinairement cette condition, on demandait des genres et des dessins spéciaux, dont la vente était impossible sur le marché intérieur.

Il n'en est pas de même pour la Chine. Parmi les genres

et dessins français, il y en a qui conviennent aux Chinois. On pourrait donc, puisqu'on partage les pièces, en couper une partie d'un métrage régulier pour l'exportation, et livrer l'autre sur le marché français.

Quant aux calicots, en présence de tels débouchés, l'intérêt des tisserands leur commande de s'organiser comme les Anglais pour atteindre ce but, s'ils arrivent à pouvoir lutter pour les prix.

Comme je l'ai déjà dit, les produits français qui nous restaient à notre arrivée en Chine, étaient malheureusement ceux qui présentaient le moins de chance d'écoulement dans tous les pays.

Les rouenneries carreaux fantaisie de 1 mètre de laize, de 62 centimes le mètre, dont il nous restait quelques balles, ont été à peine regardées par les Chinois. Il en a été de même de plusieurs autres balles du même article, en qualité supérieure, de 1 mètre de laize et de 80 centimes le mètre.

Les bleus unis façonnés de 85 centimètres de laize et de 75 centimes le mètre, dont nous avions trois balles, n'ont pas plu davantage.

Les damiers bleu et blanc et parapluies ne se vendront pas.

Les croisés bleus de 85 centimètres de laize et de 68 centimes le mètre, dont nous avions deux balles, sont trop chers et n'ont pas la laize convenable. Cet article se vend très peu en Chine et toujours à très bas prix par les Américains.

Les calicots bleus unis de 68 centimètres de laize, dont le prix de 54 centimes le mètre est élevé, s'importent en très petite quantité, les Chinois faisant eux-mêmes cet article.

Les coutils blancs russes gros grain et draps de coton de 68 centimètres de laize, de 75 centimes le mètre, dont nous avions cinq balles, ont été trouvés partout trop chers, et la laize n'en convient pas en Chine. Les Américains importent cet article à bas prix, et les Anglais eux-mêmes ont de la peine à lutter contre eux.

La qualité de nos tissus dans ce genre, comme celle de nos tissus en général, a été trouvée excellente et supérieure aux similaires anglais ou américains.

Les calicots écrus, de 1 mètre 40 cent. de laize, de 72 centimes le mètre, dont nous avions trois balles, n'ont pas été plus heureux que les articles qui précèdent; le prix en a paru élevé, et la laize ne convient nullement.

Ceux de 1 mètre 65 cent. de laize, de 84 centimes le mètre, dont nous avions une balle, sont dans le même cas.

Une balle de doublures, assorties de nuances, a été vendue très avantageusement.

Le genre indiennes enlevage bleu et blanc, vert et blanc, puce et blanc, bleu et jaune, a été goûté, et on parviendrait à l'écouler, j'en suis convaincu, en grande quantité à des prix convenables.

Les dessins les plus recherchés sont, en première ligne, les petits bouquets détachés; les ramages à dessins un peu détaillés, garnissant le fond de l'étoffe; les dessins à formes idéales.

Les carreaux, les rayures ou colonnes marquées, les filets simples ne conviennent nullement.

Les balles devraient être de 24 pièces, assorties ainsi :

6 pièces bleu foncé ,
6   —   bleu clair ,
6   —   vert ,

4 pièces puce,

2   —   jaune et bleu.

Après le genre bleu et blanc, vient prendre place l'article fond blanc dont il ne nous restait pas une balle. Dans cet article comme dans tous les tissus imprimés ou à dessins, les Chinois préfèrent les fleurs petites et moyennes; les objets détachés de même dimension, les ramages ouvragés garnissant le fond du tissu. Ils ne veulent ni colonnes marquées, ni carreaux, ni rayures simples ou filets, à l'exception de ce qu'on appelle mille-raies, qu'ils paraissent aimer.

Les nuances qui conviennent pour les fonds blancs sont le vert, le bleu, le violet, le rose; il ne faut ni orange, ni rouille, chose fâcheuse eu égard au prix.

Les pièces doivent avoir la laize et la longueur indiquées plus haut.

Les genres bon teint, grands dessins, ainsi que les genres vapeur, ont plu; mais on ne pourrait pas en obtenir un prix plus élevé que celui des enlevages et des fonds blancs, ils seraient donc désavantageux.

Les indiennes meubles glacées qui, dans certains pays, ont été très appréciées, ne conviennent pas aux Chinois; ils détestent ce lustre que nous admirons.

L'article foulards de coton a, dans toutes nos escales, été admiré et très apprécié; en Chine, il n'a pas produit un grand effet.

Les habitants du Céleste-Empire envisagent le mouchoir d'une manière différente de la nôtre, et ne le destinent pas au même usage; ils ne s'en servent que pour envelopper les petits objets qu'ils veulent transporter; ils trouvent qu'il est sale de porter dans sa poche un linge qui a servi, et croient plus propre de se moucher avec les doigts, préférant ce

mode de se débarrasser le nez ; ils s'y prennent, il faut le
dire, d'une manière très décente. Ce que je regrette le
plus dans cette dissidence d'appréciation entre nous et ces
bons, mais présomptueux Chinois, c'est qu'elle nous prive
d'une chance très favorable que nous aurions de lutter
contre les foulards de coton anglais, à cause du bon goût
des dessins, de l'heureuse combinaison des couleurs qui
caractérisent généralement les impressions françaises.

Des foulards dans les deux genres bleu et blanc enlevage,
et bleu et blanc prussiate se placeraient en assez grande
quantité à des prix avantageux.

Parmi les articles d'Amiens, les velours de coton auraient
le plus de chance de succès. Ils ont été trouvés supérieurs à
l'article similaire anglais qui se vend ordinairement 1 fr. 56 c.
la yard, tandis qu'à notre arrivée on a offert immédiatement 2 fr. la yard de tous les nôtres. S'ils étaient un peu
moins forts, ils n'en seraient que plus appréciés.

La couleur la plus demandée est le noir ; il faudrait fort
peu des autres nuances.

Voici l'assortiment qui a été le plus généralement conseillé :

20 pièces noir,
1 — bleu foncé,
1 — bleu clair,
1 — bleu plus clair,
1 — vert,
1 — blanc.

Les caisses sont de 25 pièces.

Les velours gaufrés ont été trouvés fort jolis et de bonne
qualité ; ils se sont écoulés immédiatement à 1 fr. 80 c. la yard.

Deux assortiments différents ont été indiqués par deux

Chinois très compétents, comme les meilleurs. L'un conseille les bleus assortis de tons, les vert, les violet, les grenat, les noir, quelques jaune et quelques orange; l'autre, le violet, le bleu foncé, le noir, le vert, le rose et le rouge Andrinople.

Un courtier chinois, très entendu, a conseillé l'assortiment suivant :

Il suppose un envoi de 500 pièces :

Violet à l'échantillon remis. . .	200 pièces.
Bleu foncé à l'échantillon. . . .	100 —
Vert.	50 —
Noir.	50 —
Rose.	50 —
Rouge Andrinople.	50 —

On écoulerait facilement plusieurs milliers de pièces, par an, de ces velours unis et gaufrés. Ils doivent être enveloppés en gros papier blanc, renfermés dans des boîtes de ferblanc soudées, et celles-là dans des caisses en bois.

Il y a, au nombre des échantillons, trois morceaux de velours anglais, destinés à indiquer les nuances convenables en violet, bleu, noir.

Trois échantillons français, deux unis et un gaufré.

L'échantillon coté 1 fr. 50 c. le mètre indique la qualité qu'on devrait envoyer.

Celui qui est coté 2 fr. indique une qualité supérieure dont le placement serait désavantageux en Chine.

Enfin, l'échantillon de velours vert gaufré indique la nuance de vert, le genre de dessin et la qualité de l'étoffe convenables dans ce genre.

Là se bornent, Messieurs, les observations que j'avais à

vous communiquer sur les cotonnades ; permettez-moi de vous entretenir maintenant des lainages.

Le nombre des étoffes de laine dont la consommation est un peu étendue en Chine est très limitée; trois seulement : les *spanish-strips*, les *camlets*, les *long-ells*, m'ont paru dignes d'arrêter notre attention.

Les *spanish-strips* ou *ladies-cloths* (draps légers ou draps de dames), sont importés en Chine par les Anglais qui, eux-mêmes, se les procurent en grande partie en Belgique et en Prusse.

Cette sorte, en raison de sa légèreté, de la souplesse de son tissu, convient le mieux aux Chinois pour leur genre d'habillement. On estime à trente mille le nombre de pièces absorbées annuellement par le marché de Changhaï.

Les délégués envoyés par le Gouvernement, en 1844, ont donné, sur les draps et étoffes de laine, de nombreux détails qui me dispensent d'en parler longuement. Je me bornerai à indiquer pour ces articles les choses essentielles, les choses pratiques, comme la longueur des pièces, leur laize, les nuances les plus goûtées, le cours des prix, le conditionnement.

Dans le ballot n° 9 de mon envoi, on a trouvé un paquet contenant neuf échantillons de *spanish-strips,* dont huit noir, bleu foncé, pourpre ou amarante, bleu gentiane, pensée, écarlate, jaune, vert, ont 1 mètre de longueur, et un neuvième, gris, très petit, représentant la nuance grise que les Chinois préfèrent. Je n'ai pu, dans le moment, m'en procurer un plus grand échantillon.

Les nuances que je viens d'indiquer ne sont pas arbitraires; elles m'ont été signalées par plusieurs marchands chinois comme étant convenables pour leur vente ; seulement elles sont plus ou moins recherchées les unes et les autres, selon l'époque de l'année qui, en Chine comme en Europe, détermine le goût du jour. Aussi, n'est-il pas rare de voir une étoffe se vendre 1, 2 et 3 piastres, par pièce, plus chère à une époque qu'à une autre, uniquement à cause de sa couleur et en raison de l'abondance ou de la rareté de cette nuance sur le marché.

Ces étoffes ont 1 mètre 51 à 1 mètre 52 de laize entre lisières, et 1 mètre 57 à 1 mètre 58 lisières comprises. Les longueurs des pièces sont irrégulières et varient depuis 18 jusqu'à 20 yards. Elles se vendaient, quand j'étais à Changhaï (1852), 1 piastre à 1 piastre 20 la yard, soit de 6 à 7 francs 20 la yard.

Les balles se composent de chacune six pièces assorties de nuances ou non-assorties. Chaque pièce est enveloppée d'une toile cirée imprimée portant le nom de l'étoffe et celui de la couleur des pièces, sans autre enveloppe préliminaire. Les échantillons sont renfermés dans une enveloppe de ce genre. Les balles sont elles-mêmes enfermées dans des boîtes de ferblanc soudées.

L'assortiment suivant a été conseillé par un riche négociant chinois; il prétend que c'est un des plus avantageux et un des moins susceptibles d'encourir les désagréments du caprice de la mode.

D'après ce Chinois, un envoi de vingt balles de six pièces chacune devrait se composer ainsi :

Bleu foncé	36 pièces	en 6 balles.
Noir.	18 —	3 —
Bleu gentiane	12 —	2 —
Écarlate	12 —	2 —
A reporter . . .	78 pièces	en 13 balles.

Report	78 pièces en		13 balles.	
Pourpre ou amarante	12	—	2	—
Pensée	12	—	2	—
Gris cendré	6	—	1	—
Blanc.	6	—	1	—
Marron ou grenat clair . 3				
Vert. 2	6	—	1	—
Jaune 1				

120 pièces en 20 balles.

Après les *spanish-strips*, l'article de laine le plus en usage en Chine est le camlet, camelot, tissu lisse à chaîne et trame, en laine sèche et peignée. Le marché de Changhaï en demande, chaque année, de 3,000 à 5,000 pièces. On l'y trouve en plusieurs qualités, par pièces de longueur régulière de 55 yards, en laize variant, selon la sorte, entre 76 et 84 centimètres. Il se vendait alors de 20 à 22 piastres, soit 130 à 142 fr. la pièce, selon la qualité.

Les balles sont de 10 pièces chacune, et renfermées dans des caisses de ferblanc soudées. Chaque pièce est revêtue d'une toile cirée noir uni, avec une vignette sur laquelle sont inscrites deux légendes, l'une en français, l'autre en latin.

L'assortiment le plus convenable serait dans les couleurs et les proportions suivantes :

Bleu foncé	40 pièces.
Pourpre	15 —
Pensée	15 —
Noir	15 —
Bleu gentiane	15 —

A reporter. . . . .   100 pièces.

Report . . . . 100 pièces.

Blanc . . . . 5 —
Gris cendré . . . . 5 —
Grenat clair . . . . 5 —
Jaune . . . . 5 —

120 pièces,

en douze balles.

On a trouvé également, dans le ballot n° 9 de l'envoi, un paquet de six échantillons de cette étoffe représentant les nuances, tons et qualités les plus goûtés.

On devra se rappeler que les moins chères sont toujours celles qui s'écoulent en plus grande quantité, et que les Chinois préfèrent les plus épaisses, celles qui ont le plus de main.

Les *longs-ells*, ou serges, viennent en troisième ligne ; la consommation en est, à Changhaï, d'environ 2,000 à 3,000 pièces par an.

Il y a aussi plusieurs sortes de cette étoffe, la moyenne est la plus convenable ; elle a, comme les autres, 80 centimètres de laize, et la longueur des pièces est de 24 yards. Le prix en était de 6 piastres 50 cents à 7 piastres 50 cents la pièce, soit 39 à 45 fr.

Les tons de nuances les plus recherchés sont les mêmes que pour les autres étoffes, et l'assortiment devrait être, en supposant un envoi de 240 pièces :

Ecarlate . . . . 120 pièces.
Pourpre . . . . 25 —
Pensée . . . . 20 —
Bleu foncé . . . . 25 —
Vert . . . . 20 —

Noir . . . .   20 pièces.
Marron . . . .   10 —

Cet article s'expédie par balles de 20 pièces; chacune d'elles est recouverte d'une robe de toile cirée imprimée, avec légende, comme celle qui contient l'échantillon, sans aucune enveloppe préliminaire.

Les balles sont renfermées dans des caisses de ferblanc soudées.

Tels sont les trois articles de laine que j'ai jugés dignes de quelqu'étude. Il y a bien d'autres lainages qui se vendent en Chine, dans les draperies principalement, mais les Russes les importent par Kiakhta, dans le Nord, à si bas prix, que la concurrence serait, de notre part, bien difficile. Ces importations russes ne sont pas les produits de leurs manufactures; ils en achètent la plus grande partie en Prusse et en Belgique, et les livrent à perte aux négociants chinois, en comptant sur les bénéfices énormes qu'ils prélèvent sur les retours.

Une caisse renfermant des lainages et des soieries nouveautés, avait été adressée, sur l'*Arche-d'Alliance*, au Consul de France, à Changhaï, par la Chambre de commerce d'Amiens, pour être soumise aux négociants chinois. M. de Montigny me pria de me charger de ce soin, et le résultat de mes investigations auprès de ces derniers est que quelques-unes de ces étoffes conviendraient; que celles-ci pourraient s'y placer avantageusement et par quantités qui deviendraient, de plus en plus importantes.

Nous citerons le n° 76 de la liste, serge fine paille, dont un envoi pourrait se faire avec chance de succès dans l'assortiment suivant :

Grenat. . . . . 10 pièces.
Bleu foncé. . . . . 10 —
Bleu clair . . . . 5 —
Paille . . . . 10 —
Vert. . . . . 5 —
Rose . . . . 5 —
Gris. . . . . 5 —

Pour . . . . 50 pièces.

Les n°s 79, 80, serges à fleurs, vert et marron, conviendraient également dans l'assortiment suivant :

Vert foncé . . . . 10 pièces.
Bleu foncé . . . . 10 —
Bleu clair . . . . 5 —
Grenat. . . . . 10 —
Rose . . . . 5 —
Marron . . . . 5 —
Gris. . . . . 5 —

Pour . . . . 50 pièces.

Le n° 90, serge persane, dans l'assortiment de :

Grenat. . . . . 10 pièces.
Bleu foncé. . . . . 10 —
Bleu clair. . . . . 5 —
Vert foncé. . . . . 5 —
Marron. . . . . 5 —
Gris. . . . . 5 —
Rose. . . . . 5 —
Paille. . . . . 5 —

50 pièces.

Le n° 70, damas bleu de France :

Bleu foncé.	20 pièces.
Bleu clair.	10 —
Grenat.	15 —
Vert foncé.	5 —
	50 pièces.

Les n°ᵘ 75, 88, cachemires et turquoises :

Grenat.	10 pièces.
Bleu foncé.	10 —
Bleu clair.	5 —
Vert foncé.	5 —
Marron.	5 —
Gris.	5 —
Rose.	5 —
Paille.	5 —
	50 pièces.

On doit veiller à ce que les deux effets, dans ces trois
derniers numéros, soient toujours bien tranchés, et que les
deux nuances s'harmonisent bien ensemble.

Le n° 67, satin Valparaiso gris perle, conviendrait aussi,
dans l'assortiment suivant :

Bleu foncé.	10 pièces.
Bleu clair.	5 —
Gris perle.	15 —
Grenat.	10 —
Rose.	5 —
Vert foncé	5 —
	50 pièces.

Les n°ˢ 65, 66, cachemires brodés vert russe, rose,
iraient également en :

Vert foncé. . . . .   10 pièces.
Rose. . . . .   **10**   —
Grenat. . . . .   **10**   —
Bleu foncé. . . . .   **10**   —
Bleu clair.   5   —
Gris.   5   —

                                        50 pièces

Dans le genre de ces deux numéros, la fleur doit également bien se détacher du fond. Avec le fond grenat on devra mettre la fleur d'un bleu vif.

Le n° 81, barpour grenat, on devra mettre :

Bleu foncé. . . . .   15 pièces.
Bleu clair.   10   —
Grenat.   15   —
Vert foncé.   5   —
Gris.   5   —

                                        50 pièces.

Là s'arrête le choix qui a été fait pour les nombreux articles d'Amiens.

On sait que, parmi les autres marchandises françaises, et surtout les articles de Paris, un grand nombre se vendraient s'ils étaient importés régulièrement sur le marché ; mais il n'y a qu'une maison établie, se livrant journellement à ce genre d'affaires, qui puisse se renseigner convenablement.

En jetant un coup-d'œil rétrospectif sur ce qui précède, nous voyons que les importations étrangères les plus considérables pour le port de Changhaï sont les cotonnades, qui ne s'élèvent pas à moins de 50 à 60 millions par an, si nous réunissons les calicots unis et ouvrés, les indiennes et les velours de coton.

Viennent ensuite les draperies et étoffes de laine pour 10 à 15 millions; puis une variété d'autres tissus sans intérêt pour nous.

Les exportations complètent l'idée qu'on peut se faire de l'importance qu'est appelé à prendre ce port. De 1852 à 1853, il en est sorti 70 millions de livres de thé, dont nous pouvons estimer la valeur minime à 80 ou 90 millions de francs; 28,000 balles de soie grège, formant ensemble une valeur d'environ 70 millions de francs, ce qui fait un total de 150 à 180 millions pour les transactions commerciales avec les étrangers. Si nous y ajoutons le commerce de l'opium, qu'il est bien difficile d'apprécier exactement, nous atteindrons alors un chiffre énorme, variant de 250 à 300 millions de francs.

Les thés se divisent, comme chacun le sait, en deux espèces : les noirs et les verts.

Les plus recherchés par les Européens et les Américains étaient et sont encore :

Pour les noirs, les thés communs qui valaient de 1 fr. 25 à 1 fr. 50 c. le kilog.

Les thés de première sorte, tels que :

Souchong qui valait.	2 fr.	55 c.	le kil.
Congon.	»	»	—
Oolong.	3	»	—
Pekoe.	4	33	—
Pour les verts :			
Les thés Hyson qui valaient. . . .	2 fr.	80 c	le kil.
— Young Hyson et impérial.	4	20	—
— Gun-powder.	5	73	—

Les droits de sortie sont de 31 centimes par kilog.

Voilà les quelques espèces qui forment la base des immenses transactions qui ont lieu pour cet article.

Le commerce du thé ne nous intéresse pas d'une manière assez directe pour qu'il soit utile d'entrer dans le détail de la classification des variétés de cette plante et celui de la préparation de ses feuilles, ce qui a été encore fait tout récemment, d'une manière aussi complète qu'exacte, d'après les idées de l'ouvrage anglais de **M.** Fortune, le meilleur qui ait paru jusqu'à présent.

Les soies grèges qui sortent de la Chine se divisent en trois sortes :

Les deux premières se classent chacune en trois séries, et la troisième en une seule.

La première sorte est les soies Tsatli, qui valaient alors :

Nᵒˢ 1. . . . .   46 à 47 fr. le kil.

    2. . . . .   43 à 45   —

    3. . . . .   38 à 42   —

La deuxième sorte est les soies Taysaam, qui valaient alors :

Nᵒˢ 1. . . . .   35 à 36 fr. le kil.

    2. . . . .   32 à 34   —

    3. . . . .   28 à 30   —

La troisième sorte est les soies Yunefa, qui valaient de 36 à 45 fr. le kilog.

Les droits de sortie sont de 76 fr. 50 c. par 60 kilog.

Il existe en Chine, parmi les Européens, des goûteurs de thé et des vérificateurs de soie qui, par l'étude spéciale qu'ils ont faite pour ces deux articles, sont fort experts. Il serait très imprudent d'en faire des achats sans leur inter-médiaire.

La plupart d'entre eux sont attachés à des maisons particulières, mais quelques-uns sont, moyennant une commission d'achat qui varie de 1/2 à 2 0/0, à la disposition du public, de ceux qui n'ont pas de maisons organisées.

La Chine possède une grande quantité de substances minérales, des vernis employés pour la fabrication du laque chinois, des huiles de toute sorte, des cotons, entre autres la variété jaune qui fournit le coton Nankin, portant sa couleur naturellement, sans teinture préalable; des chanvres et matières textiles de toute espèce, et une foule d'autres produits du sol et de l'industrie qui pourraient peut-être devenir des retours de quelqu'importance, mais sur lesquels les travaux des délégués du Gouvernement, en 1844, me dispensent de revenir; je terminerai ce que j'ai à dire sur le pays qui nous occupe, en parlant des usages commerciaux d'ailleurs très simples, des frais qui pèsent sur les marchandises, et en indiquant les noms des principales maisons de la place.

Les ventes se font à terme ou au comptant, mais toujours sans escompte.

Les billets ne sont pas en usage entre les étrangers et les Chinois.

L'unité monétaire qui sert de base dans les transactions avec les étrangers, est la piastre d'Espagne avec ses fractions. Le cours en varie généralement de 6 à 6 fr. 50 c. Cependant, depuis deux ans, par suite de la révolution, il est monté à 7 fr. 50 c., et même jusqu'à 8 fr.

Les piastres les plus avantageuses sont les Carolus III, IV; les autres effigies perdent au change plusieurs pour cent.

Les mesures de longueur sont la yard et le pied anglais.

Pour les poids, ce sont le picul et le catty; le premier

équivaut à 60 kilog., et le second à 604 grammes ; pour les mesures de capacité, on se sert du gallon anglais.

La commission de vente est de 5 0/0. Il n'y a pas de ducroire, attendu qu'il est presque sans exemple de voir un Chinois manquer à ses engagements envers les étrangers ; toute la famille du contractant devient responsable.

Les frais qui pèsent sur les marchandises importées peuvent se décomposer ainsi :

Commission d'achat en France.   2   0|0
Emballage.   1
Transport au port d'expédition. . . 1/2 ou 1
Assurances jusqu'en Chine. 2 1/2
Intérêt de l'argent, aller six mois. . . .   2 1/2
Fret qui varie selon la nature des mar-
chandises.   2
Frais de débarquement en Chine. . . .   1
Emmagasinage.   1
Droits d'entrée variables. . . . .   5 maximum.
Commission de vente.   5
                                          ———
        Total.   23   0/0

En les évaluant de 23 à 25 0/0, on est certain de les avoir à leur maximum.

Les principales maisons étaient, en 1853, celles de :

MM. W.-R. Adamson, inspecteur des soies (Anglais) ;
    Blenkin, Rawson et C⁰ (Anglais) ;
    W. Broughall, inspecteur des soies (Anglais) ;
    Bull, Nye et Cᵉ (Américains) ;
    Dent, Beale et Cᵉ (Anglais) ;
    Dimier brothers et C⁰ (Suisses) ;
    Gilman Bowman et Cᵉ (Anglais) ;

> MM. Hargreaves et C° (Anglais);
>   Heard , Augustine et C° (Anglais);
>   Jardine , Matheson et C°;
>   **D.-D.** Lewin , goûteur de thé (Anglais);
>   Lindsay et C° (Anglais);
>   Mackensie brothers et C° (Anglais):
>   E. Langlez , agent de la Banque Orientale
>   (Anglais);
>   D. Rémi (Français);
>   Russel et C° (Américains);
>   Smith , Kennedy et C° (Anglais);
>   Smith , King et C° (Anglais);
>   Sykes Schwabe et C° (Anglais);
>   Turner et C° (Anglais);
>   Watson et C° (Anglais);
>   Wetmore et C° (Américains).

On voit que la plupart de ces maisons sont anglaises.

Les trois plus considérables de Chine sont, sans contredit, celles de :

> MM. Jardine, Matheson et C°;
>   Dent, Beale et C°;
>   Russel et C°.

Les deux premières sont anglaises, et la troisième américaine.

Là, comme presque partout, en Chine et en Polynésie, la France y est à peine représentée.

La Banque de Changhaï fait de grandes affaires: on peut s'y procurer d'excellentes valeurs sur Londres et tous pays.

Je quittai Changhaï le 2 mars 1853, et Woossung le 8, sur le *Mohawck*, navire anglais de 500 tonneaux, et le 15 j'arrivais à Hongkong.

Hongkong est une île située vers la gauche de l'embouchure du Tigre; concédée aux Anglais lors de la guerre de 1844, elle est devenue le siége de leur gouvernement dans cette partie du monde. C'est la résidence des principaux représentants civils et militaires de l'Angleterre, et la station des bâtiments de guerre de cette puissance. La rade est magnifique et très sûre; les navires du plus fort tonnage peuvent mouiller à demi-encâblure de Victoria, seule ville de l'île que les Anglais ont élevée sur les rochers.

Victoria est sans importance commerciale; sa population se compose de 4 à 500 Européens et de quelques milliers de Chinois.

Les articles de modes, les vins, les eaux-de-vie, un assortiment de conserves alimentaires et des provisions de navires, sont les seules denrées que nous pouvons jamais avoir l'espoir d'y placer.

En remontant le Tigre pendant huit ou dix heures, sur paquebot à vapeur, on arrive à Canton, dont le nom est connu de tout le monde. A trois ou quatre milles avant d'arriver à Canton, on rencontre, sur la rive doite du fleuve, le village chinois de Whampoa, où s'arrêtent les navires étrangers qui ne doivent pas remonter jusqu'à Canton. C'est là que se trouvent également les navires chargés d'opium.

Canton a été le premier des ports de Chine ouvert aux étrangers qui y commercent depuis des siècles. C'est non-seulement une des villes les plus importantes du Céleste-Empire, mais aussi une des plus curieuses pour le voyageur. Bien que Changhaï soit devenue une puissante rivale de Canton, cette dernière n'entretient pas moins encore, avec tous les pays du monde, un commerce qui s'élève, tant en

importations qu'en exportations , à des centaines de millions
de francs.

Les importations consistent en cotons, en laines, provenant
de l'Inde et des États-Unis d'Amérique, en cotons filés, en
calicots écrus et blancs, en tissus de gros coton pour draps
de lits, provenant principalement des États-Unis; en croisés,
en mousselines, jaconas, en tissus de coton imprimés et
teints, en indiennes rouge Andrinople, en tissus de coton
teints unis, en mouchoirs de coton imprimés et teints, en
velours de coton.

Le marché de Canton absorbe un assortiment de tous ces
articles, composant ce que nous appelons cotonnades, pour
une valeur aussi grande que Changhaï. Il n'en est pas de
même des lainages, pour lesquels Changhaï l'emporte. Cette
différence, dans la consommation de ces deux marchés,
vient de leur position géographique.

Changhaï, quoique seulement par le 31° lat. Nord, connaît
les hivers rigoureux ; la glace, la neige y persistent pendant
quelquefois plusieurs jours, et réclament des vêtements plus
chauds qu'à Canton, où, par 23° lat. Nord , sous le tropique
du Cancer, la saison froide se fait à peine sentir.

Les Cantonnais sont très coquets; ils aiment beaucoup le
luxe et rechercheraient probablement, comme à Changhaï,
quelques-unes des soieries d'Amiens que nous avons signalées.

Il s'importe également une grande quantité d'objets provenant de l'industrie européenne, dans lesquels les articles
de Paris, choisis avec discernement pour le goût chinois,
entreraient pour une bonne part.

Les exportations en thé et en soies grèges étaient, il y a
quelques années, plus importantes à Canton qu'à Changhaï;

c'est le contraire maintenant, Changhaï l'emporte. Mais pour les soieries, les porcelaines, les bijouteries, les objets d'arts et une foule d'autres objets de l'industrie chinoise si étendue, la palme reste à Canton, qui en expédie pour des sommes considérables.

Canton, indépendamment des produits de sa propre fabrication, renferme ceux de tout le reste de l'Empire.

Les curiosités les plus riches, les antiquités les plus rares, ainsi que de beaux assortiments d'articles du Japon et des pays environnants, se trouvent réunis sur ce marché, celui du globe offrant les plus remarquables variétés d'objets en tous genres.

La quantité innombrable de jonques de toute grandeur, alignées en rues devant la ville, et décorées avec un faste féerique de toute espèce d'ornements, de fleurs et de femmes richement vêtues, donnent asile à cent mille personnes, dont le plus grand nombre ne descend jamais ou presque jamais à terre.

Cette population goûte et ressent, sur ces maisons mobiles, les plaisirs et les peines de la vie ; elle y naît, croît, vit et meurt, et semble assimiler le tourbillon qui nous entraîne à la fuite du courant qui supporte son habitation Les myriades d'embarcations de tout genre qu'on rencontre sur le Tigre, depuis Canton jusqu'à la partie la plus large de l'embouchure de ce fleuve, complètent, pour l'observateur, avec les montagnes pittoresques que l'on découvre, le tableau le plus émouvant qu'on puisse voir. Je crois qu'il n'y a que la Tamise qui puisse donner une idée de la prodigieuse activité qui règne sur cette artère de la Chine.

Si nous réunissons les chiffres du mouvement commercial, abstraction faite de l'opium, des deux ports qui viennent de nous occuper, Changhaï pour le Nord et Canton pour le Sud, nous verrons que cette vaste contrée est digne, sous tous les rapports, de notre plus sérieuse attention. Ces chiffres ne s'élèvent pas à moins de 4 à 500 millions, tant en importations qu'en exportations; et, si une partie de ces dernières, le thé, est presqu'insignifiante pour nous, il n'en est pas de même des soies grèges que nous allons acheter chez nos voisins, sur le marché de Londres; et encore moins des cotonnades, dont on importe annuellement en Chine pour une centaine de millions de francs, c'est-à-dire autant que la France en exporte dans le monde entier.

Nous avons vu que les lainages s'y importaient aussi pour une trentaine de millions, et que notre industrie parisienne aurait des chances de s'y développer.

En présence de transactions aussi immenses, nous est-il permis de rester indifférents et de persister dans la coupable insouciance dans laquelle nous sommes plongés depuis si longtemps? Ne devons-nous pas, au contraire, redoubler d'efforts pour sortir de notre léthargie, et chercher à reconquérir la prépondérance dont jouissait la France dans ces mers lointaines, il y a cent cinquante ans, prépondérance qui, en contribuant à sa richesse, augmentait sa puissance?

Nous verrons un peu plus loin comment, à notre avis, il y aurait moyen de combiner, dès à présent, des opérations qui, dans le principe, basées sur une échelle restreinte, pourraient prendre en peu de temps une grande extension.

VII.

ILES PHILIPPINES.

Le 27 mars, je redescendais à Hongkong, et, le 28, nous apparcillions pour les Philippines, où le 4 avril nous étions mouillés en rade de Manille. Cette ville est la métropole de l'archipel des Philippines, et située dans l'île de Luçon, qui en est la principale, et mérite seule notre attention.

J'étais enfin dans cette contrée dont j'avais entendu dire des choses si curieuses, et bien désireux de voir par moi-même ce qu'il en était. Je ne fus pas longtemps à me mettre à l'œuvre, et pas longtemps non plus avant de me convaincre, par quelques courses à l'intérieur, de la véracité de ce qui m'avait été exposé. J'ai pu m'assurer que ce pays, avec une richesse de sol si grande, une fertilité si prodigieuse dans presque tous les endroits que j'ai parcourus, n'attendait qu'une direction éclairée et entreprenante pour devenir une colonie digne de marcher à la tête de celles qui existent, sans en excepter Java, le modèle et la reine de l'Orient.

On sait, en effet, que le sol des Philippines, dont la fertilité égale celle du sol de Java, aurait, sur cette dernière, l'avantage d'être favorable à la culture d'un plus grand nombre de produits dont nous ferons la nomenclature un peu plus loin.

Les Philippines se trouvent agglomérées à peu près entre le 6° et le 19° lat. Nord, et le 117° et 123° long. Est. Il s'ensuit que le climat en est très chaud, généralement beau, et que l'été y est pour ainsi dire perpétuel.

Quand les années sont pluvieuses, les pluies ont lieu en juin, juillet et août, et elles y sont alors si violentes que les affaires s'en trouvent ralenties. Autant que possible, on doit éviter d'y faire arriver les cargaisons à cette période de l'année; le moment le plus convenable pour la réception et l'écoulement des marchandises, est septembre, octobre et novembre. Si ces pluies si abondantes ont leur désagrément, elles ont aussi, comme la plupart des choses ici-bas, leur côté avantageux; elles approvisionnent les rivières coulant dans l'intérieur, et celles-ci alimentent à leur tour d'immenses lacs d'eau douce qui, faisant office de réservoirs, contribuent probablement à la fertilité de ces contrées, en permettant des irrigations au moyen desquelles on neutralise favorablement l'influence du soleil tropical.

Le terrain est généralement formé d'un mélange de sable, d'argile et de terre marécageuse.

La population des Philippines se divise en deux parties: l'une soumise aux Espagnols; elle professe le culte catholique, et est évaluée, pour toutes les îles, à 3,600,000 âmes; l'autre, insoumise, ne professe aucun culte, et se compose de différentes races dont l'importance est inconnue.

Luçon, qui est l'île la plus importante du groupe, et
dont nous nous occuperons maintenant exclusivement, possède, dit-on, à elle seule, 2,330,000 habitants, convertis au catholicisme, et, par conséquent, soumis aux Espagnols. L'autre partie de la population est sauvage et habite les montagnes.

Cette île est divisée en provinces, elles-mêmes subdivisées en districts.

Manille, comme nous l'avons déjà dit, est la métropole de l'Archipel, et possède près de 200,000 |habitants, en y comprenant ses faubourgs et sa banlieue.

C'est dans cette ville qu'est la résidence du gouverneur général, de l'État-Major, de la haute magistrature, de l'archevêque, ainsi que de tous les hauts fonctionnaires civils et la direction des Douanes. Toutes les marchandises qui se répandent dans les différentes provinces de Luçon, et même les autres îles, passent en entrepôt à Manille.

Le commerce de Luçon est devenu, depuis plusieurs années, plus important qu'on ne le suppose généralement; en 1851, d'après des statistiques officielles, très minutieuses, il s'élevait à la somme de 51,773,232 francs, dans laquelle les importations entraient pour 24,119,790 francs, et les exportations pour 27,653,442 francs (1).

---

(1) En avril 1853, lorsque je me trouvais à Manille, les statistiques pour l'année 1852 n'étaient pas imprimées, mais on savait déjà que le mouvement commercial de l'Archipel dépassait de 2 ou 3 millions de francs celui de l'année que nous citons, et on voyait en outre que le premier trimestre de 1853 surpassait celui des années précédentes, correspondant.

Les importations se décomposaient ainsi :

Commerce national. . . . .   750,066 fr.
Commerce étranger   18,693,888
Commerce d'entrepôt.   4,675,836

Tout le commerce national se fait naturellement par navires espagnols, et, en raison du droit protecteur qui favorise ces derniers, la plus grande partie du commerce étranger se fait également par la même voie.

Les exportations se décomposaient de la manière suivante :

Commerce national . . . . 23,004,414 fr.
Commerce étranger.   2,029,224
Commerce d'entrepôt   2,619,804

Dans l'exportation, les choses se passent tout différemment que dans l'importation pour le transport des marchandises, dont la plus grande partie est emportée par les navires étrangers. Ceci s'explique facilement par la destination tout-à-fait contraire des produits importés et des produits exportés. Les premiers sont consommés par la population espagnole, tandis que la majeure partie des seconds est achetée pour la consommation étrangère. Chaque pays consommateur a donc intérêt à faire venir ses marchandises par ses propres navires.

Je ne détaillerai pas ici toutes les variétés des marchandises qui constituent les importations des Philippines ; mais une observation sur laquelle je ne crois pas devoir glisser, parce qu'elle intéresse vivement le département que j'ai l'honneur de représenter, c'est que dans les marchandises étrangères, c'est-à-dire autres qu'espagnoles, importées, le chiffre des étoffes de tout genre, dont la plus grande partie est en coton, s'élevait à 12,916,138 francs ; et, dans ce dernier chiffre, les indiennes et les mouchoirs de coton imprimés entraient pour **2,132,110** francs, et le genre rouenneries pour 1,770,406 francs.

J'ai annexé à ce rapport une liste détaillée de toutes les marchandises étrangères importées à Manille, ainsi qu'une collection des étoffes de tout genre qui forment la base de ces importations. Manille.

J'ai dit plus haut que je reviendrais sur le produit du sol des Philippines; l'occasion s'en présente au sujet des exportations.

Le sucre,

Le tabac,

L'indigo,

Le riz,

L'abaca ou chanvre de bananier,

L'huile de coco,

Le café,

Le cacao,

La résine,

Les bois de construction,

Les bois d'ébénisterie, y compris l'ébène,

Les bois de teinture,

Les graines propres à l'extraction de l'huile,

Le rhum,

La cire,

L'arec,

L'aloès,

sont les produits du sol qui s'exportent journellement, et forment la base des chargements.

Nous devons y ajouter :

Les peaux,

Les suifs,

Les cornes,

Les denrées que les côtes fournissent en abondance,
telles que :

La nacre,

Les écailles de tortue,

Les ailerons de requin,

Le tripang et les nids d'oiseaux,

Le corail,

Le salpêtre, qu'on trouve dans plusieurs localités; et,
enfin, le coton, la cochenille, la canelle, le sagou, la
vanille et quelques autres produits, pourraient s'y cultiver
avec succès, si le Gouvernement espagnol, animé d'une
sage et fructueuse initiative, favorisait, comme le fait à
Java le Gouvernement hollandais, la culture de toutes
ces plantes qui ne réclament que les soins de l'homme
pour profiter de l'heureuse influence du Ciel qui les
couvre.

La fibre d'ananas sert à fabriquer, dans le pays, des
tissus de la plus grande finesse, qu'on nomme *piña*, et
que les femmes brodent avec une extrême patience et une
merveilleuse habileté.

On y fabrique aussi, avec une des variétés de l'abaca, un
tissu très clair, qu'ils appellent *cousi*, et qui sert pour robes
et chemisettes de femmes.

On connaît de réputation les chapeaux et les étuis à
cigarres de Manille, faits en paille de riz ou en jonc.

Les fruits, dont quelques-uns sont délicieux, croissent
et fécondent en abondance dans ces contrées, et pourraient
encore former un faible article d'exportation.

Les usages commerciaux ne présentent aucune différence avec les nôtres; les marchandises se vendent à 90 jours, ou avec 2 1/2 0/0 d'escompte, si on les règle comptant.

La piastre d'Espagne ou du Mexique est la monnaie courante; elle vaut, en raison du change, presque toujours de 5 fr. 80 c. à 6 fr. 25 c. , et offre, par conséquent, un grand avantage à l'importateur. Elle se divise en réaux, subdivisés eux-mêmes en centièmes. La piastre vaut 8 réaux, et le réal dix centièmes. Il y a donc 80 centièmes seulement dans la piastre, ce qui diffère de l'usage espagnol.

La livre espagnole, de 460 grammes, est l'unité de poids; elle se divise en 16 onces de chacune 29 grammes.

L'unité de mesure est le pied espagnol; il égale 28 centimètres. Les tissus se vendent à la *vara* qui correspond à 85 centimètres.

Le quintal vaut 100 livres espagnoles.

L'arrob vaut 25 livres espagnoles.

La gantas est une mesure de capacité, dont le volume en eau pure pèserait 3 livres 1/2 espagnoles.

La tinaja, autre mesure plus grande de capacité, vaut 16 gantas.

Les marchandises importées sont soumises à un droit de 14 0/0 par navires étrangers; ce droit se réduit à 8 0/0 par navires espagnols. Les vins étrangers ne sont pas compris dans ce tarif, et paient de 40 à 50 0/0 (1).

Ces taxes sur les marchandises ne paraissent pas élevées.

---

(1) D'après ce que je viens d'apprendre, il paraîtrait que ce tarif a été changé, et que les vins n'auraient maintenant à acquitter que les mêmes droits des autres marchandises; je ne puis cependant pas affirmer qu'il en soit ainsi.

Cette modération aura peut-être lieu d'étonner les personnes qui auront entendu parler des entraves si préjudiciables au développement du commerce, que le Gouvernement espagnol apporte trop souvent dans l'accomplissement des formalités qu'ont à remplir, auprès de ses douanes, les étrangers en relations d'affaires avec l'Espagne ou ses dépendances. Une simple explication fera voir qu'il n'en est pas tout-à-fait ainsi, et que cette modération de droits doit être interprétée autrement par l'importateur.

Ces droits, de 14 ou 8 0/0, selon le pavillon du navire, sont perçus à l'entrée des marchandises à Manille, non sur leur valeur de facture, mais sur la valeur qu'il plaît à l'inspecteur des douanes, préposé à cet effet, de leur affecter, bien que ce dernier soit, le plus ordinairement, incapable de le faire d'une manière exacte.

La conséquence de cette fausse appréciation est que, une marchandise destinée à acquitter 14 ou 8 0/0 de droits, en paie souvent 40, 50, 60. J'en ai vu pendant mon séjour à Manille qui ont dû payer jusqu'à plus de 100 0/0, chose incroyable, mais que je puis affirmer.

Permettez-moi, Messieurs, d'appeler à cette occasion votre attention sur un fait grave pour nous, et de nature à vous démontrer comment il se fait que nos intérêts se trouvent plus particulièrement lésés par cette mesure que ceux des autres nations.

Les produits français de bonne marque jouissent à l'étranger d'une grande réputation, et sont, comme j'ai déjà eu l'honneur de vous le signaler, principalement appréciés par les populations espagnoles.

Que s'ensuit-il? Présente-t-on à l'inspecteur une caisse d'étoffes françaises, ce dernier, sous l'influence de sa prédisposition à trouver beaux les produits français, estime une indienne, par exemple, un jaconas imprimé à 40 ou 50 cent. par mètre de plus qu'une étoffe anglaise identiquement du même genre, et la disproportion dans l'estimation est d'autant plus grande et plus sensible que le produit est à bas prix. Ainsi, j'ai vu estimer des échantillons d'indiennes de Rouen dont j'étais porteur, à 1 fr. et 1 fr. 10 c. le mètre, tandis que le prix de facture n'était que de 55 à 60 centimes. Ces marchandises auraient donc eu à payer, non pas 14 ou 8 0/0, mais 28 ou 16 0/0, le double de ce qu'auraient payé les étoffes anglaises similaires.

J'ai cité un genre de marchandise, une étoffe, afin de rendre mon observation plus frappante, mais il en est de même pour toute espèce de produits français.

Comment un état de choses comme celui-ci, aussi désavantageux à notre commerce, déjà si insignifiant dans ces parages, n'a-t-il pas attiré l'attention des représentants du Gouvernement? Je ne puis le comprendre. D'ailleurs, il entre dans ma mission de signaler les abus ou les inconvénients commerciaux que j'ai rencontrés dans le cours de mon voyage, sans être obligé de chercher à expliquer l'indifférence qu'on a mise à les faire disparaître, et que mon patriotisme me porte à déplorer.

Je ne parlerai pas du fret d'aller et retour entre Manille et l'Europe; il y a, pour tout l'extrême Orient, une telle différence entre le fret des navires français et celui des navires étrangers, qu'un bouleversement dans le prix de celui des premiers est inévitable, sans quoi il faut renoncer à tout commerce extérieur par navire français. Cette question est trop grave pour que nous puissions la résoudre ici; le Gouvernement seul peut y porter remède. J'ai lu, étant en Chine, qu'il s'en était déjà occupé en supprimant les droits d'entrée sur les bois de construction maritime.

Le taux de la commission est de 5 0/0, et 2 1/2 de ducroire pour la vente des marchandises importées; celui d'achat pour les marchandises d'exportation est de 2 1/2 0/0.

Les autres frais sont peu importants, et ne diffèrent pas sensiblement de ceux des autres colonies ou pays étrangers.

Les dépenses personnelles sont à peu près les mêmes qu'en Europe, et sont subordonnées à la manière de vivre des individus.

Macao.

Après un séjour de deux mois dans les Philippines, je dus songer à retourner en Chine, à Macao, où le commandant de la *Capricieuse* avait eu la bonté de m'engager à revenir vers la fin de juin, afin de me donner passage sur cette corvette de l'État pour me rendre en France.

Je quittai donc Manille le 3 juin 1853, et le 21 j'étais en rade de Macao, que nous ne quittâmes, contrairement aux prévisions de M. de Rocquemaurel, que le 1er septembre.

Je fus ainsi contraint de rester deux mois de plus en Chine, dans une ville qui, en apparence, ne présente aucun intérêt sous le rapport commercial.

Cependant les réflexions que firent naître dans mon esprit les faits qui, pendant ce séjour, se passèrent sous mes yeux, m'empêchent de regretter ce prolongement d'absence, en me mettant à même de vous soumettre aujourd'hui les idées que ces réflexions me suggérèrent, et qui peuvent devenir très utiles à notre commerce extérieur dans les mers de Chine.

Vous avez pu voir, Messieurs, en lisant mes rapports d'avril et mai 1852 sur Changhaï, que j'émettais l'opinion de la possibilité pour nous d'entrer en lutte, pour certains articles, avec les peuples dont les affaires avec cette contrée s'élèvent à des sommes fabuleuses. Je vous disais aussi que j'avais été frappé de cette même possibilité à Canton. Enfin, à Manille, j'ai pu apprécier, comme dans les deux autres points, avec un sentiment de profond regret, que notre insouciance ou notre pusillanimité à l'égard du commerce d'exportation, nous privait de débouchés que nous serions toujours aises de rencontrer, et dont nous serions souvent fort heureux de profiter quand notre consommation intérieure se trouve, par des motifs qu'il est inutile d'énumérer, réduite à des proportions insuffisantes, entraînant la stagnation de nos établissements et toutes ses conséquences.

Je voyais bien que nous avions quelque chose à faire dans les derniers endroits que je venais de parcourir ; mais nos relations n'y étant nullement établies, et la prudence exigeant de le faire peu à peu ; d'un autre côté, les produits que nous avons l'espoir d'y écouler étant des articles d'assez grande valeur, sous un petit volume, je ne découvrais pas comment on pourrait parvenir à organiser des expéditions directes.

Mon séjour à Macao devait me sortir d'embarras. Effectivement, je remarquai que les navires de guerre français qui stationnent dans les mers de Chine, faisaient leurs approvisionnements dans les maisons anglaises ou américaines de Hong-Kong ; que les vins qu'on leur fournissait étaient des vins d'Espagne ou de Portugal, les farines et les salaisons d'Amérique, et les cordages et toiles à voiles d'Angleterre.

Le Gouvernement doit doublement regretter d'être obligé d'avoir recours, dans ces parages, à des étrangers pour se procurer des produits étrangers qu'on lui vend fort cher. J'ai pensé alors qu'il lui serait avantageux d'y favoriser l'établissement d'un comptoir français qui se chargerait, à certaines conditions, d'alimenter les bâtiments de la station, et de leur fournir aussi les espèces qui, d'un jour à l'autre, pourraient, dans le cas de contestations entre les Gouvernements, leur être refusées par les personnes auxquelles ils sont maintenant forcés de s'adresser (1).

Cet établissement aurait un second avantage immense, celui de procurer la possibilité de faire connaître, dans ces régions, les produits de l'industrie française que les manufacturiers pourraient adresser directement au comptoir, et, par conséquent, non chargés des frais qui grèvent ordinairement nos produits exportés, et font le plus souvent avorter les expéditions.

Ce qui a déjà été dit tant de fois relativement à l'utilité des comptoirs français dans les pays éloignés, afin de nous mettre à même de renseigner nos exportateurs d'une manière directe, constante, et soigner nous-mêmes l'écoulement des produits de nos manufactures, devrait me dispenser de revenir sur ce sujet. Cependant, le peu de profit qu'on a tiré de ces avertissements m'a tellement frappé dans

---

(1) Ce cas a été, en 1848, à la veille de se présenter en Chine et en Australie pour quelques-uns de nos navires de guerre, et les aurait mis dans le plus grave embarras.

le cours de mon voyage qu'il est nécessaire de rappeler de nouveau, sur ce chapitre, l'attention de nos grands négociants, afin de les convaincre que, tant que nous nous bornerons au commerce de pacotilles, qui, à vrai dire, n'est qu'un jeu de hasard et non un commerce, et à nous faire représenter par des étrangers, nous ne verrons jamais nos relations lointaines se développer d'une manière sensible.

Un subrécargue, quelqu'intelligent qu'il soit, ne peut pas prévoir les inconvénients de toute nature qui se présentent dans un pays nouveau, inconnu pour lui, et y remédier comme ceux qui, vivant dans ce pays, en connaissent non seulement les usages, mais le goût et les besoins des habitants, condition indispensable qui doit présider à toute expédition bien combinée.

L'établissement des comptoirs aurait donc l'immense avantage de mettre fin à ces opérations hasardeuses de pacotille pour y substituer un commerce régulier, sage, et, n'en doutons pas, lucratif. Le comptoir dont il est ici spécialement question ne serait qu'une maison de commission, ne devrait faire, d'après mon opinion, aucune opération pour son compte, afin de transmettre des renseignements en même temps exacts et impartiaux à toutes les personnes intéressées à les recevoir.

Les articles d'alimentation qu'on enverrait de France pour la station navale, formeraient la base des chargements qui seraient complétés avec des produits manufacturés.

Deux bâtiments, dont les équipages se montent à 400 hommes, consomment par an 4 à 500 barils de vin et d'eau-de-vie. Ne voilà-t-il pas déjà, avec les autres approvisionnements, des fonds de chargement pour trois ou quatre navires, et de plus une consommation de vins et victuailles absorbés, dans l'état actuel, au profit des étrangers.

Le siége de cette maison devrait être à celui de la station, c'est-à-dire à Macao. Nous allons voir pourquoi on devrait choisir cette place.

Macao peut être considéré comme un port libre, et offrirait, par conséquent, toutes les facilités désirables pour le débarquement des marchandises encombrantes, destinées aux approvisionnements des navires de la station et pour le transbordement de celles qui seraient destinées à d'autres ports. Il présenterait en outre l'avantage de loyers excessivement bas, ce qui ne se trouve dans aucune autre place de Chine.

Macao, que sa position topographique place à peu près à distance égale de Changhaï et de Manille, quatre à cinq jours de paquebot à vapeur, et à quelques heures de Canton, se prêterait admirablement à des combinaisons d'affaires qu'amènerait indubitablement, entre ces trois places, l'appréciation rendue possible des produits français.

Les articles destinés à Manille, qui arriveraient directement de France à Macao, seraient transbordés sur les navires espagnols qui fréquentent ce port à tout instant de l'année, pour être expédiés à Manille, en profitant de la faveur accordée, aux Philippines, au pavillon espagnol.

Les marchandises destinées à Canton et à Changhaï auraient mille occasions d'y être transportées.

Macao est la résidence du ministre plénipotentiaire de France en Chine. En cas d'événement, le comptoir se trouverait donc sous la protection immédiate du plus haut représentant de notre nation. L'influence morale de ce dernier, déjà grande, serait augmentée par l'appui de la force matérielle de nos bâtiments de l'Etat qui hivernent et passent une grande partie de leur temps dans la rade de ce port. Les avantages que je viens de signaler sont donc plus que suffisants pour faire opter en faveur de Macao.

Des heureuses circonstances qui concourent à nous avoir fait jeter les yeux sur la place dont nous venons de parler, découle, si nous le voulons, un élément de prospérité pour notre commerce extérieur dans les mers de Chine, dont nous ne pouvons mesurer toute l'étendue quant à présent.

Comment, en effet, supputer les chances d'un commerce qui n'est pas encore établi, quand ce commerce peut s'adresser à une population de plusieurs centaines de millions d'individus.

Un seul article assez heureux pour être goûté par une partie seulement d'une aussi nombreuse population, suffirait pour donner naissance à de grandes affaires.

Les Anglais nous donnent la preuve de ce que j'avance. N'importent-ils pas aujourd'hui en Chine pour 150 millions de francs d'une drogue affreuse, l'opium, et pour presqu'autant de tissus de laine et de coton?

Ce que les autres font, nous pouvons le faire, et si, en raison du bas prix de quelques-unes de leurs marchandises, nous ne pouvons lutter avec eux, nous avons d'autres articles qui pourraient se placer en assez grande quantité.

Ne nous laissons pas effrayer par le bas prix auquel nos voisins peuvent expédier leurs produits. Recherchons, au contraire, plus sérieusement que nous ne l'avons fait jusqu'alors, et avec la ferme résolution de porter remède au mal, pourquoi et comment ils peuvent les établir à meilleur marché que nous. Faisons ces recherches avec le soin et la minutie nécessaires; faisons, pour ainsi dire, l'analyse comparative de toutes les opérations de nos diverses industries, et nous verrons que nous ne sommes pas dans toutes inférieurs aux Anglais; ce sera donc aux moins avancées à redoubler d'efforts pour progresser, afin de ne pas entraver la marche de celles de nos branches d'industrie qui sont, dès à présent, en mesure de lutter et de mettre notre commerce à même de pouvoir se développer à l'extérieur.

Ce qui nous manque, ce qu'il nous faut, c'est cet esprit d'initiative, cet esprit d'entreprises lointaines qui animait notre nation il y a cent cinquante et deux cents ans, et qui s'est complètement éteint chez nous; ce qui nous manque, ce qu'il nous faut encore, c'est cet esprit d'association persévérant que montrent les Anglais et les Américains dans ce qu'ils entreprennent, et qui, partout, les fait réussir.

Ne cherchons pas non plus à persister, sous prétexte de la révolution chinoise, dans notre indifférence pour ajourner des essais qui nous promettent, s'ils sont convenablement tentés, un plein succès. Cette révolution n'est ni une révolution sociale, ni une révolution religieuse, comme ont voulu le faire entendre les révolutionnaires du Céleste-Empire; c'est tout simplement une révolution dynastique. Les Chinois veulent remplacer l'empereur actuel, de race tartare, conquérante depuis plus de deux cents ans, par un empereur de race chinoise. C'est là qu'est la grande question.

D'après l'opinion d'Européens très éclairés, résidant actuellement en Chine, où ils se trouvent à la tête de grandes et riches maisons, les partisans de la dynastie chinoise doivent réussir, et leur réussite n'apportera, selon toute apparence, aucune modification dans les relations qui existent depuis dix ans entre les sujets du Céleste-Empire et les étrangers. Evidemment, cette révolution va amener quelque bouleversement momentané dans les transactions commerciales de ce pays; mais cette perturbation ne sera que passagère, et devra s'arrêter avec la fin de la révolution. D'ailleurs les intérêts des Européens seront sauvegardés, quelle que soit l'issue de ce mouvement politique, auquel nous ne devons donc pas attacher une plus grande importance qu'il ne comporte vis-à-vis de nos affaires.

Tels sont, Messieurs, les développements que j'ai cru devoir vous communiquer. Je désire qu'ils portent les fruits qu'on peut avoir l'espoir d'en attendre; je désire qu'ils décident mes concitoyens et tous mes compatriotes à méditer sur l'immense parti que nous pouvons tirer du commerce d'exportation, et qu'ils contribuent à nous faire sortir enfin du regret profond que doit éprouver une nation comme la France, non pas seulement de venir en dernier ordre prendre part aux transactions commerciales de cette partie de l'Orient, mais plutôt de se traîner à la remorque de nations dont l'importance ne peut se comparer à celle de la nôtre.

Ne croyez pas que nous soyons devancés seulement par les Anglais, les Américains et les Russes; l'Allemagne, la Hollande, la Belgique, la Prusse, l'Espagne, le Portugal, le Danemark, la Suisse, la Suède et la Norwége, Hambourg même, marchent tous avant nous, et, cependant, à l'exposition universelle de Londres, la France occupait le premier rang.

Jetons, pour nous convaincre, les yeux sur le tableau général du commerce de la France avec les puissances étrangères pendant l'année 1853; nous y verrons la triste preuve que nos exportations dans toute l'Océanie, les Philippines, la Cochinchine, et, le croirait-on? la Chine, ne se sont élevées, pendant le cours de cette année, qu'à 5,300,472 francs.

La France, cependant, ne manque pas de documents commerciaux parfaitement dressés et très exacts; ne sait-on pas, au contraire, que c'est le pays qui en possède le plus, mais qui, aussi, les utilise le moins ?

Je ne saurais donc trop me répéter pour insister sur la formation de comptoirs français dans différents pays lointains que nous avons parcourus, le Chili, la Californie, l'Australie, et, plus particulièrement, la Chine, afin d'assurer à nos navires, dans ces différents points de l'Océan-Pacifique, un concours loyal et efficace, aussi bien dans leurs investigations que dans leurs opérations, pour les mettre ainsi à même de traverser cette mer avec des avantages certains, et transporter nos produits aux deux extrémités du monde.

Ces créations seraient, sans aucune comparaison, le résultat le plus important que pourrait amener mon long voyage, et dédommagerait amplement du sacrifice pécuniaire et des peines qu'il a coûtés. Du jour où je verrai mes compatriotes bien installés dans ces pays, je serai consolé de mes longs moments d'exil, et j'aurai au moins la satisfaction de voir dignement remplie la mission qui m'avait été confiée. Mes commettants pourront, de leur côté, se féliciter d'avoir contribué à provoquer, par leur mandat, une chose utile et avantageuse à leur pays.

Singapore.   De Chine, nous nous rendîmes à Singapore. Une escale de quelques jours n'est pas suffisante pour prendre des renseignements sur une place comme celle-là, d'ailleurs assez connue aujourd'hui.

Je n'en parlerai donc que pour faire remarquer que cette île, possession anglaise, n'étant qu'un point d'entrepôt, ne peut que perdre beaucoup à l'ouverture des ports de la Chine, où l'on s'adresse directement à la consommation. Il est vrai que la découverte des mines d'or en Californie, et surtout en Australie, est venue fort à propos pour donner une nouvelle impulsion au commerce de Singapore, stationnaire depuis plusieurs années.

Je crois que c'est dans le passage des nombreux navires traversant l'Océanie, par suite de cette découverte de l'or, qu'on peut trouver une explication réelle à cette recrudescence d'affaires qui favorise Singapore dans ce moment.

J'ai recueilli, néanmoins, dans ce dernier endroit, quelques échantillons de cotounades dont la Chambre est en possession.

Le 13 octobre 1853, nous quittions Singapore, et, le 19 novembre, nous mouillions à Bourbon, ou île de la Réunion, colonie française, sur laquelle je n'avais à me livrer à aucune investigation ; les affaires s'y traitant directement avec la métropole par l'intermédiaire de nos compatriotes colons ou européens qui y sont établis depuis longtemps. *Ile de la Réunion.*

La grande fertilité du sol de cette île, son joli aspect et son beau climat, font vivement regretter de n'y rencontrer, pour les navires, que des rades dangereuses, sans un seul port. Cet obstacle au développement de la Colonie est d'autant plus regrettable, que près de là se trouve l'île de Madagascar, sur laquelle nous avons, il paraît, des droits incontestables reconnus par les grandes puissances au traité de 1815. *Madagascar.*

Madagascar, d'une étendue au moins aussi grande que celle de la France, avec sa position sur le passage de l'Inde et de la Chine, sa nombreuse population indigène, aussi bien que la fertilité de son sol, riche en substances les plus variées, ferait, avec l'Algérie, sans aucune exception, les deux plus belles colonies du monde, et nous dédommagerait de nos anciennes pertes.

Ayons confiance, pour l'accomplissement de ce vœu si séduisant, dans l'énergique initiative du Gouvernement impérial, et, plus encore, dans les vues éclairées et profondes du chef de l'Etat, aussi bien que dans son patriotisme qui le porte à veiller sans cesse, non-seulement sur la prospérité, mais aussi sur la gloire de la France.

Nous quittâmes la Réunion le 28 novembre, et nous arrivâmes, sans relâche, presqu'en vue de Toulon, lorsqu'un coup de vent, dans le golfe de Lion, nous obligea à redescendre nous réfugier, le 27 février 1854, aux îles Baléares, à Palma. L'état sanitaire de la corvette se ressentait d'une aussi longue traversée; le commandant, ayant toujours à cœur le bien-être de ses hommes, se détermina à séjourner à Palma, le temps nécessaire pour les laisser se refaire un peu avant de reprendre la mer.

J'étais aux portes de la Catalogne; de vives affections m'y attiraient; je résolus de m'y rendre, et pris, en conséquence, congé du commandant de la *Capricieuse*, M. de Rocquemaurel. Les bontés et les égards qu'il eut pour moi pendant près de dix-huit mois, sont au-dessus des remercîments qu'il était en mon pouvoir de lui faire.

Vint le tour des officiers et des élèves, dont j'avais fait la connaissance, au bout du monde, comme compatriotes; je les quittais maintenant comme de bons camarades. Le souvenir d'une navigation de six mois faite ensemble, et celui de leur amabilité, me font émettre des vœux pour le prompt avancement de tous et l'espoir d'en revoir au moins quelques-uns.

Mon court séjour en Catalogne retarda un peu le désir que j'avais de venir rendre compte à la Chambre de commerce de la fin de ma mission, et ce ne fut que le 23 avril 1854, quatre ans, jour pour jour, après avoir quitté le Havre, que j'arrivai à Perpignan.

Ici, Messieurs, finit ma tâche. Si elle ne répond pas en tout point à votre attente, soyez au moins persuadés que je n'ai rien négligé pour parvenir au but que la Chambre s'était proposé. Je me suis trouvé parfois dans des positions fort embarrassantes ; mais si mes efforts en ont été plus pénibles, ils n'en ont pas été moins constants.

Veuillez agréer, Messieurs, la nouvelle expression des sentiments respectueux de votre délégué,

Marc ARNAUDTIZON.

TABLE DES MATIÈRES.